Roswitha Lindner

DaF Begleiter C2

Übungsbuch Schriftlicher Ausdruck

- Stellungnahme -

Athen

LINDNER

VERLAG

Charilaou Trikoupi 146 – 14671 Athen - Nea Erythraia
Griechenland

E-mail: info@lindnerverlag.eu
Site: www.lindnerverlag.eu

DaF-Begleiter C2
Übungsbuch Schriftlicher Ausdruck
- Stellungnahme -

von Roswitha Lindner

2. durchgesehene Auflage 2014

Printed in Greece
ISBN 978-960-9614-09-2

Inhalt

Ein kurzes Vorwort

„Verständnis ist nichts anderes als die durch die Sprache verursachte Wahrnehmung."

(Thomas Hobbes, Philosophie der Neuzeit IV)

Liebe Benutzerin, lieber Benutzer dieses Buchs,

der vorliegende Band soll Ihnen dabei helfen, systematisch und auf hohem Niveau eine angemessene Ausdrucksweise für das Verfassen freier Texte zu einem vorgegebenen Thema zu erlernen.
Bitte gehen Sie an die verschiedenen Aufgaben langsam heran, beherzigen Sie die Tipps und Merkzettel, die Ihnen helfen sollen, den Lernstoff und die Übungen erfolgreich zu bewältigen.

Wenn Sie soweit sind, selber eine Stellungnahme zu verfassen, hilft Ihnen die Wortschatzübersicht am Ende des Buchs. Sie befreit Sie allerdings nicht von der Aufgabe, sich selber durch die geeigneten Medien über aktuelle Themen auf dem Laufenden zu halten und Ihren Wortschatz in Eigenarbeit stetig zu erweitern.

In diesem Sinne

Viel Spaß und viel Erfolg

Die Autorin

Vorwort zur zweiten Auflage
Im Anschluss an die starke Resonanz auf den DaF-Begleiter C2 und die hoffentlich guten Prüfungsergebnisse aller Kandidaten im Prüfungsteil schriftlicher Ausdruck, Stellungnahme möchten wir Lehrern und Lernenden nun die zweite, durchgesehene und verbesserte Auflage des DaF-Begleiters C2 zur Verfügung stellen.

Die Autorin

Oktober 2014

I. Vorarbeit: Worum geht es bei dieser Aufgabe

Der Prüfungsteil Schriftlicher Ausdruck umfasst **zwei Aufgaben.**
Im Prüfungsteil Schriftlicher Ausdruck, Aufgabe 2, Thema 1 und Thema 2 geht es konkret um Folgendes:

> *Bei den freien Themen verfassen die Teilnehmenden auf der Basis von drei kurzen Inputtexten oder Statements eine Stellungnahme. Die Teilnehmenden sollen zu allen drei Inputtexten/Statements Stellung nehmen, ihre Argumentation logisch aufbauen und durch geeignete Beispiele stützen.*

Auf den Kandidatenblättern finden Sie darüber hinaus auch noch diesen Hinweis:

> *Wählen Sie aus den folgenden vier Themen eines aus.*
>
> *Bei der Bewertung wird unter anderem auf Folgendes geachtet*
> - *Haben Sie alle Leitpunkte der Aufgabenstellung bearbeitet?*
> - *Ist die Argumentation begründet und wurden Beispiele gegeben?*
> - *Ist der Text zusammenhängend und klar gegliedert?*
> - *Sind Wortwahl und Stil dem Thema und der Textsorte angemessen?*

Näher betrachtet ergibt sich:

1. Sie sollen eine Stellungnahme schreiben:

> I N F O
>
> **Was ist eine Stellungnahme?**
> Eine schriftliche (oder mündliche) Darstellung eines bestimmten Themas.
> Bei der Aufgabe Schriftlicher Ausdruck Aufgabe 2, Thema 1 und 2 schreiben Sie allerdings keine freie Stellungnahme, sondern Sie sind an die drei kurzen Ausgangstexte des Kandidatenblattes gebunden, mit denen Sie sich auseinandersetzen sollen.

Eine Stellungnahme ist appellativ, das heißt Sie besitzt einen bestimmten Empfänger und soll diesen überzeugen, sie muss also argumentativ sein.

2. Ihre Stellungnahme muss eine Argumentation beinhalten, die einen Bezug zu den drei vorgegebenen Inputtexten aufweist.

- ☞ Sie müssen die Kernaussagen der drei Texte in Ihrer Stellungnahme anführen
- ☞ Sie müssen zu diesen Kernaussagen Pro- und Contraargumente finden, die Sie durch Beispiele belegen
- ☞ Sie müssen abschließend Ihre eigene Meinung überzeugend darstellen
- ☞ Dazu dienen die klare Gliederung des Textes, die angemessene Wortwahl und der passende Schreibstil

II. Die Qual der Wahl oder: Die Wahl des geeigneten Themas:

Folgende Überlegungen sollten für Sie bei der Wahl des Themas, über das Sie schreiben wollen, ausschlaggebend sein

Merkzettel: Thema 1 oder Thema 2?

1) Habe ich das Thema wirklich verstanden? (Das ist das allerwichtigste!)
2) Ist mir das vorgegebene Thema bereits bekannt (Unterricht, Lehrbuch, Zeitung, Internet usw.)?
3) Ist das Thema für mich von Interesse, habe ich etwas zu allen drei Ausgangstexten zu sagen? (mindestens ein Pro- und ein Contraargument!) und kann ich Beispiele nennen?
4) Ist mein Wortschatz umfangreich genug, um mich überzeugend zu diesem Thema zu äußern? Schätzen Sie Ihre Kenntnisse ein!

Entscheiden Sie sich schnell, denn die Zeit läuft!

Übungen

Prüfen Sie sich nun selbst:

Sie haben zwei verschiedene Themen zur Auswahl (Beispiel 1 und Beispiel 2). Treffen Sie nach dem Muster unseres Merkzettels die Wahl, über welches Thema Sie schreiben möchten!

Beispiel 1 – Werbung und Werbemethoden

Sie haben im Radio eine Beitragsserie mit dem Titel „Faszination Psychologie: Moderne Werbemethoden" mit einer abschließenden Diskussionsrunde verfolgt. Nach der letzten Sendung wurden die Zuhörer dazu aufgefordert, ihre Meinung zu den angesprochenen Themen abzugeben. Sie schreiben eine ausführliche E-Mail an die Redaktion, die sich auf die drei unten stehenden Beiträge bezieht und in der Sie Ihre Meinung äußern.

1 *Werbung ist Teil der unentbehrlichen Kommunikation zwischen Hersteller und Verbraucher zur Bekanntmachung, Information und Imagebildung eines Produkts.*

2 *Die Werbebotschaften im Kinderprogramm verfehlen nicht ihr Ziel: Untersuchungen und Studien belegen, dass die Kaufwünsche der Kinder werbegeprägt sind.*

3 *Um ein paar Sekunden Aufmerksamkeit zu erheischen, zielen Werbebotschaften unmittelbar auf die Emotionalität der Konsumenten ab.*

1) Habe ich das Thema wirklich verstanden?

Wie lautet das Hauptthema, zu dem ich mich äußern soll?

____

Welche drei Unterpunkte werden in den drei Texten angesprochen?

____

____

____

2) Ist mir das Thema bereits bekannt?

Ja Nein

3) Ist das Thema für mich von Interesse, habe ich etwas zu allen drei Ausgangstexten zu sagen, kann ich Beispiele anführen?

Tipp

Da Sie nur rund 300 Wörter schreiben sollen, reicht es, in der Endfassung Ihres Leserbriefs zu jedem Inputtext jeweils ein Argument dafür und dagegen zu finden, da Ihr Text sonst zu lang wird und Ihnen die Zeit eventuell nicht reicht.

Inputtext 1:

Pro-Argument 1

____

Pro-Argument 2 (alternativ)

____

Contra-Argument 1

____

Contra-Argument 2 (alternativ)

____

Inputtext 2:

Pro-Argument 1

____

Pro-Argument 2 (alternativ)

____

Contra-Argument 1

____

Contra-Argument 2 (alternativ)

____

Inputtext 3:

Pro-Argument 1

___

Pro-Argument 2 (alternativ)

___

Contra-Argument 1

___

Contra-Argument 2 (alternativ)

___

4) Ist mein Wortschatz umfangreich genug, um mich zu diesem Thema zu äußern?
Ja Nein

Beispiel 2 – Sprache als Mittel der Integration

Sie haben im Radio eine Sendung zum Thema „Zwischen Deutsch und Muttersprache - Sprache als Mittel der Integration" gehört. Nach dem Ende der Sendung werden die Zuhörer dazu aufgefordert, sich schriftlich zu den angesprochenen Themen zu äußern. Sie schreiben eine ausführliche E-Mail an die Redaktion, die sich auf die drei unten stehenden Beiträge bezieht und in der Sie Ihre Meinung äußern.

1 Es ist eine völlig willkürliche Annahme, dass die Loyalität zu einem Land mit der Kenntnis von dessen Sprache verbunden ist.

2 Stärker als alles andere entscheiden Sprachkenntnisse über die Integration von Migranten.

3 Kein Denken ohne Sprache, keine Identität ohne Worte. Sprache ist Teil von Kultur - und ihr Erhalt maßgeblich für die Kulturenvielfalt. Die Muttersprache der Migranten muss gefördert werden.

1) Habe ich das Thema wirklich verstanden?

Wie lautet das Hauptthema, zu dem ich mich äußern soll?

___

Welche drei Unterpunkte werden in den drei Texten angesprochen?

___

___

___

2) Ist mir das Thema bereits bekannt?
Ja Nein

3) Ist das Thema für mich von Interesse, habe ich etwas zu allen drei Ausgangstexten zu sagen?

Inputtext 1:

Pro-Argument 1

____

Pro-Argument 2 (alternativ)

____

Contra-Argument 1

____

Contra-Argument 2 (alternativ)

____

Inputtext 2:

Pro-Argument 1

____

Pro-Argument 2 (alternativ)

____

Contra-Argument 1

____

Contra-Argument 2 (alternativ)

____

Inputtext 3:

Pro-Argument 1

____

Pro-Argument 2 (alternativ)

____

Contra-Argument 1

____

Contra-Argument 2 (alternativ)

____

4) Ist mein Wortschatz umfangreich genug, um mich zu diesem Thema zu äußern?

Ja Nein

III. Textaufbau – Die innere Struktur der Stellungnahme

Der Textaufbau behandelt die Frage, wie Sie Ihren Text gliedern und in welche logische Reihenfolge Sie die Feststellungen der Ausgangstexte bringen. Dies hat auch mit den Argumenten zu tun, die Sie für jeden einzelnen Inputtext finden.

Folgende Überlegungen sollten für Sie **für den Aufbau des Textes**, den Sie verfassen, ausschlaggebend sein:

Merkzettel: Bearbeitung der drei Inputtexte

1) Passende Einleitung
2) Nach welchen Gesichtspunkten und in welcher Reihenfolge will ich die drei Inputtexte bearbeiten:
   a) von der Nähe zum Hauptthema zu entfernteren Gesichtspunkten
   b) nach persönlicher Gewichtung, das heißt vom wichtigsten Thema zum unwichtigsten oder umgekehrt, sodass die Texte auf meine persönliche Meinung hinführen
3) Habe ich zu jedem der drei Ausgangstexte meine Pro-und Contra-Argumente und Beispiele angeführt?
4) Sind die verschiedenen Abschnitte meiner Stellungnahme durch Absätze gekennzeichnet?
5) Habe ich meine eigene Meinung geäußert?
6) Schluss

Beispiel 3 – Studien- und Berufswahl

1 Als Schüler fühlt man sich vor der Studien- und Berufswahl von Informationen überrollt und gleichzeitig irgendwie hilflos.

2 Was das Schulsystem leisten kann: Praktika und berufsvorbereitende Kurse mit den Lehrern, Leuten aus der Wirtschaft oder von Universitäten.

3 Staatliche Beratungsdienste müssen offen, innovativ und auf den Bürger angelegt sein, sie müssen ihn direkt ansprechen.

Übung 1

Sie erhalten zum Thema Berufsberatung (Beispiel 3) zwei Leserbriefe (Version A und Version B).

Schritt 1: Bringen Sie die verschiedenen vorgegebenen Textstücke aus Version A und Version B in eine logische Reihenfolge.

Schritt 2: Überlegen Sie, welchem Aufbau der Verfasser gefolgt ist.

Version A

A

So steht dann noch zu fragen, was die eigene Schule zu leisten vermag. Hier gibt es den Vorschlag, dass sie im Rahmen der Berufsberatung Praktika organisiert und den Schülern Gelegenheit gibt, sich mit Berufstätigen oder Mitarbeitern der Universitäten zu unterhalten. Nun ist anzumerken, dass ein Praktikum eher oberflächliche Eindrücke, aber immerhin doch praktische Eindrücke vermittelt. Man sieht andere bei ihrer Arbeit, wird mit Arbeitsabläufen bekannt gemacht und kann selber mitwirken. Das Gespräch mit Menschen aus der Arbeitswelt, die wissen, dass sie den Jugendlichen helfen sollen und deshalb nicht allein ihre subjektiven Eindrücke wiedergeben, sondern Informationen zweckorientiert weitergeben, ist ebenfalls ein erfolgversprechender Ansatz. Die Frage, nach welchen Kriterien solche Referenten ausgewählt werden und in welchem Maße sie für eine Berufsberatung wirklich befähigt sind, bedarf natürlich einer Klärung, damit sie gut vorbereitet und substantiell informieren. Um der Gefahr bloßen Geschichtenerzählens aus dem Berufsleben vorzubeugen, müssten bestimmte Standards vorgegeben werden.

B

Jeder Mensch steht irgendwann vor dieser wichtigen Frage, nämlich welchen Beruf er ergreifen will, ob er studieren oder besser eine Ausbildung machen soll. Die Unsicherheit ist groß, denn trotz zahlreicher Informationsmöglichkeiten fällt die Entscheidung schwer. Sieht man sich diese Informationen einmal näher an, so wird auch verständlich, warum. In der Regel handelt es sich um schriftliche Beschreibungen eines Berufes oder Berufsbildes, sei es in Buchform oder im Internet, die nur wenig plastisch sind. Persönliche Berichte von Berufstätigen, gewöhnich aus dem Verwandten-, Bekannten- oder Freundeskreis, geben eher das individuelle Verhältnis des Berufstätigen zu seinem Beruf wieder, als dass sie einen objektiven Einblick in denselben böten. Natürlich darf deswegen auf Information nicht verzichtet werden. Jeder Hinweis hat auch sein Positives, denn vielleicht erfährt der Betroffene etwa über das Internet von Berufen, die in seiner Familie vollkommen unbekannt sind und von denen er hier zum ersten Mal hört. Und ein solcher erster Kontakt könnte vielleicht dazu führen, sich weiter, gründlicher und praxisorientierter zu informieren.

C

Anlässlich der in Ihrem Sender in der vergangenen Woche ausgestrahlten Diskussionsrunde zum Thema „Beruf und Zukunft – Berufsberatung als gesellschaftspolitische Aufgabe“ möchte ich zu einigen Gesichtspunkten, die von den Teilnehmern der Diskussionsrunde angesprochen wurden, gerne meine Meinung äußern. Ich selbst habe zwei Kinder, die in absehbarer Zeit die Schule beenden werden und entscheiden müssen, welchen Beruf sie ergreifen wollen.

D

Ich hoffe, Eltern, die sich in ihrer Rolle ebenso unsicher fühlen wie ich selber als Mutter, mit meinen Überlegungen geholfen zu haben.

E

So bin ich persönlich denn auch der Meinung, dass der zuletzt genannte Ansatz der erfolgversprechendste ist. Niemand kann einem Jugendlichen wirklich die Berufswahl abnehmen oder ihn vor einer Fehlwahl schützen. Die Kombination aus vertrautem Umfeld in der Schule, Einblick in die Praxis und der Möglichkeit, Menschen, die aus eigener Erfahrung etwas wissen, Fragen zu stellen, sollte der erste Schritt sein, Jugendliche mit dem Thema der Berufswahl zu konfrontieren. Der Gang zum professionellen Berufsberater ist sicher eine angemessene ergänzende Maßnahme. Indessen ist nicht einzusehen, warum beispielsweise ein einfacher Test, der Vorlieben und Begabungen ermittelt, nicht auch kostenlos in der Schule durchgeführt werden kann. Und die eher wahllose Information über das Internet, Bekannte etc. dürfte in der Regel nur zu Zufallstreffern in Bezug auf das erfolgreiche Auffinden des richtigen Berufes führen. Eines muss Eltern und ihren Kindern aber immer wieder gesagt werden: Eine anfängliche Fehlwahl ist kein Drama, wenn sich herausstellt, dass der ursprünglich gewählte Beruf nicht die mindeste Zufriedenheit bietet. Denn mit seinem Beruf muss man ein Leben lang leben, er stellt einen entscheidenden Faktor für unser Wohlbefinden und Selbstwertgefühl dar.

F

Praxisorientierung ist im Übrigen genau das, was auch vielen staatlichen Berufsberatungen fehlt. Hier mögen sich zwar geschulte Psychologen um die zukünftigen Berufseinsteiger kümmern, doch dies reduziert deren Beratung oft darauf, die individuelle Persönlichkeit des Ratsuchenden mit einem Katalog von Berufen zu verbinden, der für sie in Frage kommen könnte. Der Nachteil: Die Berater sind von Beruf eben Berater und können im Grunde keine repräsentativen Auskünfte über die von Ihnen vorgeschlagenen Studiengänge oder Berufsausbildungen geben. Aber wie immer gibt es auch hier eine positive Seite, dass nämlich der junge Mensch durch die professionelle Berufsberatung durch einen neutralen Dritten etwas über sich selber und seine (verborgenen) Wünsche und Talente erfährt. Sie hilft, ihn außerhalb der oft unbewussten Wünsche und Vorstellungen seiner Eltern zu platzieren und gibt ihm damit ein Stück Freiheit bei einer Wahl, die sein ureigenes Leben betrifft. Sie entzieht ihn also dem direkten Einfluss der Familie und anderer, die entweder am besten wissen, was für ihn gut ist, oder ihn am liebsten gar nicht beeinflussen wollen und ihn so im Grunde alleine lassen.

A) Wurden alle Punkte des Merkzettels berücksichtigt?

1) Einleitung

Textstück Nr. __

2) Hauptteil

Reihenfolge der Inputtexte: Textstücke Nr. __, __ und __

Nach welchen Gesichtspunkten wurde die Auswahl getroffen?

____

eigene Meinung: Textstück Nr. __

3) Schluss:

Textstück Nr. __

B) Zur Wiederholung

Sammeln Sie die Argumente, die zu jedem einzelnen Ausgangstext angeführt werden.

Inputtext 1:

____

____

____

Inputtext 2:

____

____

____

Inputtext 3

____

____

____

C) Welche Meinung wird in diesem Leserbrief vertreten?

____

____

____

Version B

A

So möchte ich mich zunächst mit der Frage beschäftigen, welchen Beitrag das Schulsystem im Bereich der Berufswahl tatsächlich leisten kann. Die Schule ist in erster Linie eine Lehranstalt, den Lehrern fehlt es in der Regel an der Befähigung und am Wissen, jungen Menschen in einem entscheidenden Bereich wie der Berufs- oder Studienwahl weiterzuhelfen. Daher beschränken sich auch viele Berufsberatungskurse in der Schule auf eine Art von Unterricht, die den Schülern etwa beibringt, wie sie sich bei Vorstellungsgesprächen am besten verhalten. Dagegen ist die Idee der Vermittlung von Praktika durch die Schule als positiv einzustufen, sofern sie hier mit einem erfahrenen Träger wie etwa dem Arbeitsamt zusammenarbeitet, damit die Praktikumsangebote nicht nach dem Zufallsprinzip ausgewählt werden. Haben die Schüler dann wirklich die Möglichkeit, aus einem breiten Spektrum von Berufsfeldern auszuwählen, kann dies ein wertvoller Beitrag zu ihrer Orientierung sein.

B

Das Gefühl, sich selbst überlassen zu sein, sowie eine allgemeine Orientierungslosigkeit sind auch die Stichworte, wenn es um die Flut von Informationen geht, denen sich Schüler bei der Studien- und Berufswahl gewöhnlich kurz vor Schulabschluss gegenübersehen. Die Masse ungeordneter Informationen steigert eher noch die Hilflosigkeit eines unentschlossenen jungen Menschen, dem oft jeder Anhaltspunkt fehlt, in welche Richtung er sich nun eigentlich orientieren soll. So weiß ich aus eigener Erfahrung, dass es nicht unwahrscheinlich ist, dass ein frisch gebackener Abiturient locker zwischen so unterschiedlichen Studienfächern wie Germanistik und Forstwirtschaft schwanken kann. Natürlich ist es aber als positiv zu bewerten, dass überhaupt ein so großes Informationsangebot besteht, wie etwa die entsprechenden Links des Arbeitsamtes, in denen Kurzbeschreibungen von Ausbildungsberufen,

Tagesabläufe von Auszubildenden und weiterführende Links gegeben werden. Für junge Menschen, die ungefähr wissen, was sie wollen, dürften diese Art von Informationen hilfreich sein.

C

Abschließend möchte ich meine Glückwünsche für Ihre gelungene Sendung zum Ausdruck bringen.

D

Das bereits erwähnte Arbeitsamt bietet vor allem den Vorteil eines organisierten staatlichen Beratungsdienstes wie auch denjenigen eines systematischen Ansatzes. So gibt es Tests, in denen sich Jugendliche einen Eindruck von ihren Befähigungen verschaffen können sowie einen einigermaßen systematischen Überblick über Ausbildungsberufe und, wenn auch weniger geordnet, über diverse Studiengänge. Der Nachteil dieser Art von Berufsberatung liegt aber darin, dass sie eher anonym und wenig praxisnah erfolgt. Es ist normalerweise dem Suchenden überlassen, selbst einen Einblick in die Praxis zu gewinnen.

E

Wägt man die drei verschiedenen Modelle ab, so spricht meiner Meinung nach das meiste für die systematische staatliche Berufsberatung. Dort, wo sie Mängel aufweist, nämlich bei der Beratung von Abiturienten, die sich für ein Studium entschieden haben, oder in der mangelnden Praxisnähe, lässt sich Abhilfe schaffen. So kann man sich, was das Hineinschnuppern in die Praxis betrifft, leicht eine effektive Kooperation zwischen den Schulen und dem Arbeitsamt vorstellen. Das Letztere besitzt den Zugang zu den Unternehmen und sonstigen Arbeitgebern, um ein möglichst breites Spektrum an Praktikumstellen anzubieten, während die Erstere Zugang zu den jungen Menschen hat, die Orientierungshilfe benötigen. Was die zukünftigen Studenten betrifft, ließe sich eine Beratung vor Ort organisieren, unterstützt durch die Studienberatung der nächst gelegenen größeren Universität. Dies würde auch den Universitäten nützen, damit die Zahl der kostspieligen Studienabbrecher oder der Studienfachwechsel gemindert wird.

F

Mit Interesse verfolgte ich Ihre Sendung mit dem Thema „Beruf und Zukunft – Berufsberatung als gesellschaftspolitische Aufgabe“ und möchte zu einigen dort angesprochenen Gesichtspunkten gerne meine Meinung äußern.

A) Wurden alle Punkte des Merkzettels berücksichtigt?

1) Einleitung

Textstück Nr. __

2) Hauptteil

Reihenfolge der Inputtexte: Textstücke Nr. __, __ und __

Nach welchen Gesichtspunkten wurde die Auswahl getroffen?

____

eigene Meinung: Textstück Nr. __

3) Schluss:

Textstück Nr. __

B) Zur Wiederholung
Sammeln Sie die Argumente, die zu jedem einzelnen Ausgangstext angeführt werden.

Inputtext 1:

____

____

____

____

Inputtext 2:

____

____

____

____

Inputtext 3

____

____

____

____

C) Welche Meinung wird in diesem Leserbrief vertreten?

____

____

____

Übung 2

Zu einem vorgegebenen Thema (Beispiel 4) finden Sie einen Leserbrief, der nicht in Abschnitte gegliedert ist. Markieren Sie Beginn und Ende eines jeden Abschnitts.

Beispiel 4 – Ernährung und Ernährungsgewohnheiten

1 Zu viel, zu fettig und zu ungesund: Die Art und Weise, wie sich viele Menschen in Deutschland ernähren, ist oft alles andere als zuträglich.

2 Wissenschaftler und Diätgurus verwirren uns mit unzähligen Ernährungsweisheiten.

3 Mehr als jedes fünfte Kind in Deutschland zwischen 11 und 17 Jahren leidet unter den Symptomen einer Essstörung, das sind 1,4 Millionen junge Menschen.

Mit großem Interesse habe ich Ihre Sendung „Du bist, was du isst“ verfolgt und möchte auf diesem Wege meine Meinung zu einigen der dort angesprochenen Gesichtspunkte äußern. Was unser Verhältnis zu unserer Ernährung in der heutigen Zeit betrifft, so lässt sich dieses wohl am besten mit den Begriffen Ungleichgewicht, Unsicherheit und Überangebot definieren. Zu viel, zu fettig und zu ungesund - das auffälligste Symptom der unzuträglichen Ernährungsweise der Deutschen sind zunächst einmal die zahlreichen Menschen, die mit bloßem Auge als übergewichtig erkannt werden. In demselben Maße bezeugt ein Blick in die mit Lebensmitteln überfüllten Einkaufswagen in der Kassenschlange die oft ungesunden Essgewohnheiten vieler unserer Mitmenschen. Sie spiegeln im Übrigen das Warenangebot in den Verkaufsregalen wieder: Eine Reihe mit süßem, eine mit salzigem Naschwerk, die große Fleisch-, Käse- und Wursttheke und anderes mehr. Dem kann man nur entgegenhalten, dass jeder Mensch schließlich ein Recht darauf besitze, zu genießen, wie er wolle, und sei es die regelmäßige Fleischportion mit Sauce. Allein wenn wir, die Verantwortlichen für die Einkäufe im Supermarkt, so lasch mit Ernährungsfragen umgehen, darf es nicht weiter wundern, dass es uns der Nachwuchs nachtut – in die eine oder die andere Richtung. Die Erkenntnis nämlich, dass rund zwanzig Prozent der Kinder an Essstörungen leiden, sollte ein Warnsignal dafür sein, dass wir zum Essen kein ausgeglichenes Verhältnis besitzen. Magersucht und Bulimie mögen zu den Extremfällen gehören, die abgemagerten Models nacheifern wollen oder Probleme durch ihr Essverhalten kompensieren. Kinder mit zwanzig Kilo zuviel Gewicht auf der Waage oder dem intensiven Wunsch, so dünn wie möglich zu sein, damit die schicken Kleider passen, sind jedoch in erster Linie Opfer ihrer gleichgültigen Eltern, die es nicht für nötig befanden, sich mit dem Thema der Ernährung auseinanderzusetzen und zum Teil der Erziehung zu machen. Demgegenüber lässt sich natürlich auch die Ansicht vertreten, dass der Mensch in der modernen Leistungsgesellschaft fortwährend dahingehend unter Druck gesetzt wird, dem Bild des einsatzfreudigen und leistungsstarken und deshalb gesunden Menschen zu entsprechen. Zweck der vielen Warnungen vor ungesunder Ernährung wäre dann, unter dem Vorwand der Erhaltung unserer Gesundheit und des damit implizierten Wohlbefindens im Grunde nur Arbeitgeberinteressen zu befriedigen. Und wer dies durchschaut hat, macht eben einfach nicht mit und isst, was ihm Spaß macht! Hinzu kommt dann noch der Umstand, dass eigentlich niemand mehr so genau weiß, wie man sich gesund ernährt. Denn Ratschläge gibt es viele, aber die Ratlosigkeit nimmt in demselben Maße zu wie all die guten, sich manchmal sogar widersprechenden Tipps aus dem Reformhaus oder in Frauenzeitschriften. Darüber hinaus kann man sich manchmal des Eindrucks nicht erwehren, dass hinter bestimmten Ernährungsmethoden die Lebensmittelindustrie oder der Lebensmittelhandel stecken. Doch wie immer hat jedes Ding auch hier seine zwei Seiten. Man muss nämlich zugeben, dass es ein Glück ist, dass überhaupt über gesunde Ernährung in diesem Maße diskutiert und geschrieben wird. Letztlich ist es auch gar nicht so schwierig, aus dem Überangebot an Informationen diejenigen herauszufiltern, die wirklich Substanz besitzen, und danach die eigenen Essgewohnheiten auszurichten. So lautet dann meiner Meinung nach die Devise für eine individuell gesunde Ernährung, dass das Wohlbefinden des Einzelnen im Mittelpunkt stehen muss, dass man mit Maß und Bedacht auf eine vitaminreiche Kost achtet und sich natürlich auch ab und zu einen Genuss gestattet, damit die gesunde Lebensweise nicht zum Selbstzweck und Zwang wird, sondern unserem persönlichen Lebensgefühl und der Steigerung unserer Lebensfreude dient.

IV. Textkohärenz und Textkohäsion

Hier geht es um die Frage, wie die einzelnen Textabschnitte und die Sätze so untereinander verbunden sind, dass sich der Endtext flüssig lesen lässt.

Um dieses Ziel zu erreichen, muss man das Folgende berücksichtigen:

Tipp

1. Flexibler Satzbau, wobei die Sätze untereinander sinngemäß verbunden sind (siehe unten: 1. Konjunktionaladverbien, 2. Nebensätze und Nominalstil)
2. Keine störende Wortwiederholung, das heißt nicht immer dasselbe Wort oder dieselbe Wortgruppe verwenden (siehe unten 3. Verweismittel)
3. Variationen im Satzbau (siehe unten 4.)

Hilfsmittel:

- die sog. Konjunktionaladverbien, also Adverbien, die sinngemäß Hauptsätze verbinden
- Nebensätze und Nominalisierung
- sog. Verweiswörter (Synonyme, Pronomen u.a.m.)

1. Konjunktionaladverbien

Hinweis
Bevor Sie sich mit den folgenden Übungen befassen, suchen Sie nach einer bestmöglichen Übersetzung der folgenden Adverbien in ihrer Muttersprache!

1. Verbindende (kopulative) Konjunktionaladverbien

Übersicht über die wichtigsten Adverbien dieser Kategorie:

ebenso/ genauso   ebenfalls/ gleichfalls   außerdem   darüber hinaus   auch   ferner
zugleich   zudem   zusätzlich   weiterhin   überdies

Übung 1

Setzen Sie nun passende Adverbien ein – natürlich gibt es mehrere Lösungen!

Beispiel:

Der wichtigste Schritt zu einem vernünftigen Verhältnis zum Konsum von Nahrungsmitteln ist, sich die eigenen Essgewohnheiten bewusst zu machen, __________ müssen aber auch die Nahrungsmittel selbst einer strengeren Kontrolle unterzogen werden.

Der wichtigste Schritt zu einem vernünftigen Verhältnis zum Konsum von Nahrungsmitteln ist, sich die eigenen Essgewohnheiten bewusst zu machen, *zugleich/ darüber hinaus* müssen aber auch die Nahrungsmittel selbst einer strengeren Kontrolle unterzogen werden.

1. Ein positiver Ansatz läge darin, Lebensmittel auf Ihren Salzgehalt hin zu überprüfen. ______________ wichtig ist es, die Konsumenten über verstecktes Salz in Fertigprodukten aufzuklären.

2. Die Teilnehmer an Ernährungsseminaren sollen ohne Zwang zu einem Umdenken in ihrem Konsumverhalten bewegt werden, ________________ steigt ihr Selbstwertgefühl, wenn sie am eigenen Leib das positive Ergebnis ihrer Bemühungen feststellen können.

3. Kinder sehen sich, wie Erwachsene, ______________ schon früh dem unbewussten Zwang ausgesetzt, einem bestimmten Erscheinungsbild zu entsprechen.

4. Viele Schulen haben die Notwendigkeit zum Handeln bereits erkannt und bemühen sich um Aufklärung. Die Krankenkassen können im Rahmen der Gesundheitsvorsorge __________________ gezielte Programme für essgestörte Kinder und deren Eltern anbieten.

5. ______________ könnte man über eine Art von Punktesystem mit entsprechender Minderung von Krankenkassenbeiträgen als Belohung für diejenigen nachdenken, die bewusst etwas für die eigene Gesundheit und die ihrer Familie tun.

6. Es wäre ________________ von Nutzen, Berufstätigen über die Krankenkassen eine preiswerte Möglichkeit zu bieten, Sport zu treiben oder Fitnessurlaube zu buchen.

2. Einschränkende (restriktive) und entgegensetzende (adversive) Adverbien

Eine Übersicht über die wichtigsten Adverbien dieser Kategorie:

nur	allein	allerdings	indessen/ gleichwohl	wohl	zwar	(je)doch	vielmehr
			dagegen/ hingegen				

Übung 2

Setzen Sie die passenden Adverbien ein – auch hier gibt es manchmal mehrere Lösungen!

1. Niemand kann die Entwicklungen auf dem Arbeitsmarkt langfristig genau voraussehen, _______________ können kurz- und mittelfristige Prognosen auf statistischer Grundlage bei der Berufswahl behilflich sein. (nur, allerdings, insofern)

2. ___________, Vorsicht ist auch hier geboten! (indessen, insofern, allein)

3. ___________ liegen diesen Prognosen durchaus exakte Marktbeobachtungen zugrunde, doch die Resonanz hierauf ist nicht kontrollierbar. (wohl/ nur/ zwar)

4. So wird z. B. in Zeiten des Lehrermangels oft zur Aufnahme eines Lehramtsstudiums geraten, _______________ ist der Bedarf schon nach kurzer Zeit gedeckt und viele der Hochschulabsolventen finden wieder keine Arbeit. (nur, indessen, insofern)

5. Man sollte also bei der Berufs- und Studienwahl auch seinem eigenen Gespür und seinen eigenen Wünschen folgen, _______________ sind Ratschläge Dritter nur dann hilfreich, als sie die Persönlichkeit des Ratsuchenden in ausreichendem Maße berücksichtigen. (nur/ insofern/ allerdings)

6. Für Schulabgänger ________________, denen es an jeder Orientierung fehlt, ist ein entsprechender Test der erste Schritt, um sich ein Bild von den eigenen Fähigkeiten und Interessen zu machen. (doch/ hingegen/ vielmehr)

7. Ein solches reines Orientierungsverfahren kann keine konkrete Empfehlung für einen bestimmten Beruf zum Ergebnis haben, _______________ wird es den Teilnehmer auf Berufsfelder hinweisen, die für ihn von Interesse sein könnten. (doch/ nur/ vielmehr)

8. Niemand sollte sich ________________ nach einer Enttäuschung entmutigen oder verunsichern lassen, denn eventuelle Fehlentscheidungen können im Laufe einer Ausbildung oder des Berufslebens durchaus korrigiert werden. (indessen/ allein/ jedoch)

3. Ausschließende (disjunktive) und einräumende (konzessive) Adverbien

Eine Übersicht über die wichtigsten Adverbien dieser Kategorie:

andernfalls immerhin allerdings dennoch/ trotzdem dessen ungeachtet gleichwohl sonst/ansonsten nichtsdestoweniger/ nichtsdestotrotz

Übung 3

Setzen Sie passende Adverbien ein.

1. Sprachförderung muss für Ausländer- und Aussiedlerkinder so früh wie möglich beginnen, ________________ erschwert sich ihre Integration in das schulische und soziale Umfeld in unangemessener Weise.

2. ______________________ gibt es immer wieder kritische Stimmen, die darauf hinweisen, dass auch die Eltern dieser Kinder ihrer Verantwortung gerecht werden und deren Deutschkenntnisse fördern müssen.

3. Das Argument lautet, dass es nicht nur Aufgabe der Schule sein kann, die Integration der Schüler und deren Chancen auf dem Arbeitsmarkt zu verbessern. ____________ läge es ja auch im Interesse der Eltern, wenn sich ihre Kinder zu selbstbewussten Mitbürgern entwickelten.

4. Überdies dürfen auch die berechtigten Ansprüche muttersprachlicher Schüler nicht vernachlässigt werden. Der Lernerfolg einer Klasse hängt nämlich entscheidend von den Sprachkenntnissen aller Schüler ab, _____________ werden immer noch Schüler mit mangelhaften Deutschkenntnissen eingeschult.

5. _______________ gilt auch hier, dass ein goldener Mittelweg gefunden werden muss, da sich nicht eindeutig sagen lässt, dass es immer die Kinder der Ausländer sind, deren Deutsch zu wünschen übrig lässt. Sprachförderung ist vielmehr zu einem notwendigen Förderungsziel für alle Schüler, egal welcher Herkunft, geworden.

4. Begründende (kausale) und sich auf die Folge beziehende (konsekutive) Adverbien

Eine Übersicht über die wichtigsten Adverbien dieser Kategorien:

mithin/ folglich somit nämlich deswegen/ darum/ deshalb/ daher also demzufolge/ demnach infolgedessen so

Übung 4

Bitte wählen Sie die passenden Adverbien.

1. Jeden Abend erleben Fernsehzuschauer das gleiche: Sie wollen sich eigentlich nur einen Film anschauen, der wiederum wird durch Werbeeinnahmen finanziert, ______________ wird der Feierabendgenuss alle fünfzehn Minuten unterbrochen, damit man sich die immer gleichen Werbespots ansieht. (nämlich/ folglich/ also)

2. ____________ greift der genervte Zuschauer reflexartig zur Fernbedienung, um die Wartezeit bei einem anderen Kanal zu überbrücken. (somit/ demzufolge/ daher)

3. Er ist es ______________ leid, jeden Abend von den Werbemachern eindrücklich dazu aufgefordert zu werden, dieses und kein anderes Produkt zu kaufen, ohne dass ihn die Werbung als solche im geringsten persönlich anspricht oder ihm irgendeinen Genuss bietet. (demzufolge/ nämlich/ so)

4. ________________ werden die teuer produzierten Spots gar nicht gesehen, es sei denn, sie laufen gerade parallel auf allen anderen Kanälen, bei denen der müde Feierabendmensch in diesem Moment der gähnenden Langeweile Zuflucht gesucht hat. (also/ so/ infolgedessen)

5. Es ist __________________ höchste Zeit, in der Werbebranche umzudenken, wenn Werbung ihren Empfänger nicht nur einfach erreichen, sondern auch wirklich motivieren will. (somit/ demnach/ so)

5. Verwendung von Konjunktionaladverbien

Übung 5

Setzen Sie in dem folgenden Leserbrief die passenden Konjunktionaladverbien ein.

Beispiel 5 - Klischees und Vorurteile

1 *Das Alltagsleben der Deutschen ist ein Königreich der regulierten Sehnsüchte, der Selbstkontrolle, des Fehlens von Verrücktheit.*

2 *Wie ist beispielsweise der alljährliche Strom deutscher Touristen nach Italien zu erklären: Von der Trostlosigkeit der deutschen Landschaften getrieben, würden Deutsche an die Adria stürmen und sich, durch die ungewohnte Sonne stimuliert, in jeder Hinsicht hemmungslos verhalten.*

3 *Typisch deutsche Werte - das sind Gründlichkeit, Zuverlässigkeit, Fleiß und Pflichtbewusstsein im Job.*

Adverbien zur Wahl:

dessen ungeachtet – so – vielmehr – zwar ... aber - nichtsdestotrotz – somit – darüber hinaus – zwar ... jedoch – zudem – gleichwohl – überdies – sondern – also – ferner – wohl

Im Anschluss an Ihre Aufforderung an die Zuschauer Ihrer Sendung, sich zu dieser zu äußern, möchte ich gerne zu einigen der angesprochenen Gesichtspunkte Stellung nehmen.
Zunächst seien hier die wirklichen oder vermeintlich typisch deutschen Werte wie Gründlichkeit, Zuverlässigkeit und Pflichtbewusstsein angeführt, denen (1)________________ allgemein ein positiver Wert zugemessen wird. Meiner Ansicht nach entspringen diese Werte, deren Bestehen man im Großen und Ganzen (2)___________ wirklich feststellen kann, nicht einfach einer bestimmten deutschen Seele und psychischen Verfassung, sondern sie sind (3)________________ das Ergebnis vielschichtiger Prozesse. Bestimmte Verhaltensweisen entspringen ja in der Regel konkreten Bedürfnissen, die zumeist von außen bestimmt werden. (4)_________ ist es beispielsweise für die exportorientierte deutsche Wirtschaft wichtig, Qualitätsprodukte zu produzieren, sie muss sich von ihren unmittelbaren Ländernachbarn abgrenzen, die ebenfalls über eine starke Wirtschaftskraft verfügen, und dies erfolgt in unserer Zeit zum Glück nicht mehr im Rahmen kriegerischer Auseinandersetzungen, (5)_____________ eben über die Wirtschaft.
(6)________________ weiß jeder aus eigener Erfahrung, wie „anregend" die Konkurrenz zum Nachbarn sein kann, wenn es darum geht, ihn zu überbieten. (7)______________ bieten Klischees die Möglichkeit der Identifikation, besonders wenn es sich um positiv besetzte Verhaltensweisen handelt. Gründlichkeit, Pflichtbewusstsein, Zuverlässigkeit und Fleiß sind bürgerliche Werte, die erst zu Beginn des 19. Jahrhunderts zu allgemeinen Werten erhoben wurden und von da an bewusst propagiert und auch politisch ausgenutzt wurden in einem Land, dass sowohl gesellschaftspolitisch als auch wirtschaftlich rückständig war.
Dies sollte man nicht vergessen, wenn man von einer vermeintlich deutschen Mentalität spricht.

Dass es sich in der Tat um von außen auferlegte und später allgemein verinnerlichte Verhaltensweisen handelt, wird (8)____________ durch die deutschen Reisenden an den warmen Mittelmeerküsten bestätigt. (9)_____________ verlangt der deutsche Tourist von den Ortsansässigen deutschen Standard (Pflichtbewusstsein, Gründlichkeit, Qualität usw.), (10)_____________ er selbst gönnt sich in dieser Hinsicht oft genug eine Auszeit. Gemietete Motorräder werden ohne Helm gefahren, Verkehrsregeln übertreten, es wird übermäßig viel Alkohol konsumiert, der Lärmpegel steigt auf Dezibel, bei denen wir zu Hause längst die Polizei gerufen hätten, hätte es der liebe Nachbar gewagt, so einen Krach zu machen. Die Aufzählung ließe sich beliebig erweitern, (11)________________ sei vor Verallgemeinerungen zu warnen, denn schließlich benimmt sich nicht jeder deutsche Tourist so daneben.

Fühlt sich der Deutsche in Deutschland (12)____________ durch sich selbst unterdrückt oder bringt ihn seine alltägliche Unsicherheit dazu, sich mit einem Regelwerk zu umgeben, dass ihm (13)______________ seine Ausdrucksfreiheit raubt (und zum Glück im Reiseland nicht gilt), ihm (14)________________ verspricht, Lebensrisiken zu mindern? Neidet man dem Deutschen vielleicht seinen gut organisierten Staat (auch das ist ein Klischee) und wünscht sich insgeheim, in ähnlichen Verhältnissen zu leben? Was ist eigentlich so schlimm daran, wenn alles mehr oder minder funktioniert? Oder neidet der Deutsche den anderen ihre angeblich so sorglose Lebensfreude? Sicherlich bescheinigt niemand den Deutschen Spontanität, Risikofreude und Flexibilität. Sieht man sich daraufhin nochmals statistische Wirtschaftsdaten an, so liegen Deutsche bei der Zahl der Existenzgründungen auf den letzten Plätzen. Die Gründe: Angst vor dem Scheitern, keine Kultur der Selbstständigkeit und Zweifel an den eigenen Fähigkeiten. (15)____________________ geht es der Wirtschaft einigermaßen gut. (16)_____________ überlassen wir das Risiko den ganz großen Unternehmen, im Vertrauen darauf, dass sie es besser wissen und uns bequeme Arbeitsplätze bieten. Dafür sind wir dann auch bereit, ordentlich zu arbeiten.

Das Fazit: Meiner Meinung nach sollte man Klischees nicht zu ernst, aber auch nicht zu sehr auf die leichte Schulter nehmen. Niemals gehen sie auf eine bestimmte seelische Verfassung der einen oder anderen Nation zurück. (17)________________ besitzen besonders die positiv besetzten Klischees aber eine Kehrseite, die uns einiges über uns selbst sagen kann. Sie dienen der Abgrenzung und der Selbsterhöhung und damit einem Bedürfnis nach Identifikation. Sie dienen aber auch dazu, uns einzuschläfern und uns zufrieden zu geben, damit wir die Wirklichkeit durch den Schleier der Selbstzufriedenheit und leichten Arroganz gegenüber dem anderen wahrnehmen. Vorsicht also, Klischees sind alles andere als harmlos!

2. Nebensätze und Nominalisierung

Merken Sie sich:

*Der Nominalstil gilt gegenüber der Verwendung von Nebensätzen als eleganter, zugleich aber auch als offizieller.
Verwenden Sie sowohl Nebensätze als auch den Nominalstil, damit Ihr Text nicht „hölzern" wirkt.*

Tipp

Bevor Sie die folgenden Aufgaben lösen, wiederholen Sie bitte unbedingt die Nebensätze!
Hier eine kurze Übersicht über einige der wichtigsten Nebensatzkonnektoren, Präpositionen und adverbialen Bestimmungen bzw. Hauptsatzkonnektoren:

Übersicht

Bedeutung	Nebensatz	Präposition	Adverbiale Bestimmung, Hauptsatz
Grund	weil, da, zumal	wegen, aufgrund, aus, vor	denn, nämlich, aus diesem Grund
Folge	sodass, so ... dass, ohne ... dass	infolge (von), mit der Folge, ohne	deshalb, deswegen, daher, darum, folglich, infolgedessen, also
Zweck	damit, um ... zu	zu, zwecks	zu diesem Zweck, dafür, dazu, in der Absicht
Instrument, Mittel	indem, dadurch ... dass,	durch, mithilfe (von)	so, auf diese Weise, dadurch, damit
Bedingung	wenn (nicht), falls, sofern	bei, mit, ohne	in diesem Fall, dann, sonst, andernfalls
Einschränkung, Einräumen	obwohl, obschon, obgleich, je nachdem, ...	trotz, ungeachtet, entsprechend	dennoch, trotzdem, aber, doch, sondern, zwar ... aber
Gegensatz, Widerspruch	während, wohingegen	gegenüber, im Gegensatz zu	demgegenüber, dagegen, indessen, jedoch
Art und Weise, Vergleich	statt dass/ ... zu, ohne dass/ ... zu, insofern als, je ... desto	statt, ohne	stattdessen
Zeit	(immer) wenn, als, sooft, während, solange, bis, seit(dem), bevor, ehe	bei (jedem), in, an, während, bis (zu), seit, von, vor, nach, gleich nach	währenddessen, seitdem, seither, danach, dann, davor, zugleich, anfangs

Beispiel 6 – Lesen und Lesegewohnheiten

1 *Die ganze Lesekultur wird umgewälzt, wenn man bis zu 150 digitale Bücher auf einem einzigen Gerät mit sich herumtragen kann: Das gedruckte Buch steht vor dem Aus.*

2 *Der E-Reader erfüllt seine Aufgaben am besten als Arbeitsgerät: als Hilfsmittel für Studenten, für berufsmäßige Leser und solche, die schnell einen im Druck vergriffenen Titel benötigen.*

3 *Das elektronische Lesen wird neue Formen des Schreibens nach sich ziehen. Es werden kürzere Texte entstehen und solche, die ins Internet verlinkt sind, wo die Leser Spiele zum Thema finden oder über den Fortgang der Geschichte abstimmen können.*

1. Nebensatzkonnektoren

Übung 1

Verbinden Sie die Sätze mit den geeigneten Nebensatzkonnektoren.

Beispiel:
Oft wird behauptet, dass es das gedruckte Buch bald nicht mehr geben werde. Es werde sich gegen die Konkurrenz der E-Bücher nicht behaupten können.

Oft wird behauptet, dass es das gedruckte Buch bald nicht mehr geben werde, *weil es sich gegen die Konkurrenz der E-Bücher nicht werde behaupten können.*

Zu Inputtext 1

1. Das Argument lautet: Man könne weitaus mehr Bücher in digitaler Form bequem stets bei sich haben. Man könne schwerlich eine große Menge Bücher in ihrer herkömmlichen Form mit sich herumtragen.

____

____

2. Dabei wird aber vergessen: Das Objekt Buch besitzt für den Leser einen emotionalen Wert. (indirekte Frage)

____

____

3. Es vermittelt seinem Benutzer nur Textinhalte. Es bietet ein weit umfassenderes sinnliches Erlebnis.

____

____

4. Man erfreut sich an einer schönen Umschlaggestaltung, stöbert im Klappentext, saugt seinen Geruch ein. Man hat es beim rituellen Gang durch die Buchhandlung für sich erobert und für wert befunden.

____

____

Zu Inputtext 2

1. Anders sieht es mit denjenigen aus, die einen schnellen Zugriff auf eine große Zahl von Texten haben müssen. Dazu gehören etwa Studenten oder Arbeitnehmer im Forschungs- und Wissenschaftsbetrieb.

____

____

2. Der E-Reader, auch E-Book-Lesegerät genannt, stellt ihnen elektronisch gespeicherte Buchinhalte in großer Menge und mit einfacher Handhabung zur Verfügung. Ihre Arbeit wird wesentlich erleichtert.

____

____

3. E-Books wären hier auch das geeignete Mittel, um der Leserschaft für die Wissenschaft wertvolle, aber vergriffene Werke wieder zugänglich zu machen. Deren Neuauflage als Printmedium ist zu kostspielig.

____

____

4. Dies ist vielleicht auch das überzeugendste positive Argument. Man setzt sich mit der Frage nach zukunftsträchtigen Anwendungsmöglichkeiten von elektronischen Büchern auseinander. Man nimmt gegenwärtige Lesegewohnheiten zum Maßstab.

____

____

Zu Inputtext 3

1. Natürlich kann aber über die Zukunft dieses Mediums nicht spekuliert werden. Denkbare technologische Entwicklungen werden berücksichtigt. Sie können die genannten Lesegewohnheiten selbst und die Art des Schreibens verändern.

____

____

2. So wird etwa behauptet, dass Lesen zu einem interaktiven Ereignis werde. Der Leser könne durch Abstimmung auf den Fortgang einer Handlung einwirken.

____

____

3. Oder der Lesetext wird über Links mit Aktivitäten, wie zum Beispiel Spiele, mit dem Internet verbunden. Einerseits wird der Lesevorgang abwechslungsreicher, andererseits der Schreibvorgang verkompliziert.

____

____

4. Besonders im Bereich der Kinderliteratur kann ein solch phantasievoller Ansatz dazu führen, verlorene Leser unter Kindern und Jugendlichen zurückzugewinnen und ihnen qualitative Texte zur Verfügung zu stellen. Man überlässt sie der unkontrollierten Sprachverwendung im Internet.

____

____

2. Nominalisierung

Tipp

Bevor Sie die folgenden Aufgaben lösen, rufen Sie sich bitte Umformungen des Typs Verbalisierung bzw. Nominalisierung in Erinnerung (siehe oben, Übersicht Seite 24)

Beispiel 7 - Thema: Datenschutz und Datensicherung

1 *Bei sozialen Netzwerken wie etwa dem Facebook stellt eine Person die Informationen freiwillig ins Internet, beim Zensus bekommt sie eine Pflicht auferlegt. Das ist ein Unterschied.*

2 *Die Dimension der Probleme, die wir mit fortschreitender Digitalisierung aller Lebensbereiche erreichen, ist neu. Die technischen Grenzen für die Sammlung, Speicherung und Verarbeitung von Daten sind aufgehoben, der „gläserne Mensch" ist heute machbar.*

3 *Datenschutz wurde und wird oft als „Täterschutz" diffamiert.*

Übung 2

Formen Sie den unterstrichenen Satzteil in eine Nominalkonstruktion um.

Beispiel:

Das Facebook ist nur ein Beispiel dafür, dass wir, wenn wir uns einen Nutzen davon versprechen, persönliche Daten offenbaren. (Offenbarung)

Das Facebook ist nur ein Beispiel *für die Offenbarung persönlicher Daten*, wenn wir uns einen Nutzen davon versprechen.

Zu Inputtext 1:

1. Ein Unterschied liegt also, wenn man die Erhebung von Daten im Rahmen einer Volkszählung zum Vergleich heranzieht, in der Motivation des Einzelnen. (im Vergleich)
Ein Unterschied liegt also ______________________________

____

2. Das heißt aber nicht, dass wir auf unseren Schutz vor Datenmissbrauch verzichten wollen, obwohl wir die persönlichen Angaben freiwillig hingegeben haben. (Hingabe)
Das heißt aber nicht, dass wir ______________________________

____

3. Im Gegenteil, weil die vernetzten Dienste viele sind, ist der Datenschutz noch wichtiger geworden. (großen Zahl)
Im Gegenteil, ______________________________

____

Zu Inputtext 2

1. Um ein Profil von jedem Handy-, E-Mail- und Internetnutzer anzufertigen, müssen nur die elektronischen Spuren zurückverfolgt werden, die diese Geräte hinterlassen. (zur)

____

____

2. Ohne dass wir dazu gezwungen werden, geben wir unsere Privatsphäre und ein Stück unserer Freiheit auf. (ohne)

____

____

3. Vielleicht haben wir noch gar nicht wahrgenommen, dass diese Entwicklung bedenklich ist. (die Bedenklichkeit)

____

Zu Inputtext 3

1. Den Datenschützern wird oft der Vorwurf gemacht, dass sie Straftäter schützen, indem sie weniger Datenzugriff durch den Staat fordern. (Forderung)
Den Datenschützern wird oft der Vorwurf gemacht, dass sie ______________________________

____

2. Ohne dass präventive Datensammlungen, Lauschangriffe und Rasterfahndungen bestünden, sei den technisch versierten Kriminellen oder Terroristen nicht beizukommen, lautet das Argument der Datenschutzgegner. (Bestehen)
Ohne ______________________________
sei den technisch versierten Kriminellen oder Terroristen nicht beizukommen, lautet das Argument der Datenschutzgegner.

3. Dem ist entgegenzuhalten, dass die alltägliche Kriminalität wie Diebstahl und Einbruch dem Bürger zu schaffen macht, statt dass er Gefahr läuft, einer schweren Straftat oder einem Terrorakt zum Opfer zu fallen. (statt)

Dem ist entgegenzuhalten, dass dem Bürger __________________, __________________ __________________, die alltägliche Kriminalität wie Diebstahl und Einbruch zu schaffen macht.

4. Man muss sich folglich fragen, welcher wirkliche Zweck hinter dem vorgeblichen Ziel der erhöhten Verbrechensaufklärung steht. (Frage)
Man muss sich folglich ____
____

5. Der Schritt vom gläsernen Menschen zum Überwachungsstaat ist längst kleiner geworden als man denkt, weil er technisch durchführbar ist. (Durchführbarkeit)
Der Schritt vom gläsernen Menschen zum Überwachungsstaat ist ____________________
____

3. Auflösung von Relativsätzen, Infinitiv- und Partizipialkonstruktionen

Übung 3

Geben Sie die unterstrichenen Satzteile durch Partizipialkonstruktionen oder nominalisiert wieder oder lösen Sie die Partizipien in Relativsätze auf.

Beispiel 8 – Sport in Schule und Freizeit

1 *Sport in der Schule soll Fähigkeiten wie Fairness, Toleranz, Teamgeist und Leistungsbereitschaft fördern und festigen.*

2 *Sport ist ein wesentlicher Wirtschaftsfaktor und trägt maßgeblich zum Wirtschaftswachstum bei. Die sinnvolle Verbindung von Sport, Technologie und Industrie gewinnt vor allem angesichts von sportlichen Großereignissen immer mehr an Bedeutung.*

3 *Der Sport ist zu einer befreienden Freizeitform mit vielfältigen selbstbestimmten Erlebnismöglichkeiten außerhalb der Alltagswelt geworden.*

Beispiel:

1. Bekannte Sportler, <u>die für Werbespots engagiert werden</u>, können am besten für „gesunde" Produkte werben und fungieren als <u>gerade von Kindern nachgeahmtes</u> Vorbild.

Bekannte, *für Werbespots engagierte Sportler* können am besten für „gesunde" Produkte werben und fungieren als Vorbild, *das gerade von Kindern nachgeahmt wird.*

2. Lust <u>zu leben</u>, wenn wir mit dem Fahrrad mal kurz zum Bäcker fahren, Entspannung, Zusammensein mit Freunden und neue Menschen, <u>deren Bekanntschaft wir machen</u>, kurz, das gute Gefühl, etwas für uns selbst zu tun.

Lebenslust, wenn wir mir dem Fahrrad mal kurz zum Bäcker fahren, Entspannung, Zusammensein mit Freunden und *die Bekanntschaft mit neuen Menschen*, kurz, das gute Gefühl, etwas für uns selbst zu tun.

Inputtext 1

1. Im Sportunterricht müssen Werte, die zu Gesundheit und zu sozialem Verhalten erziehen, als Konzept im Vordergrund stehen.

2. Er muss das Ziel verfolgen, durch individuelle Beurteilung der Schüler deren Bereitschaft zu lernen und Leistung zu erbringen, zu fördern.

3. Doch solange im Schulsport nur Noten vergeben werden, die auf messbaren Leistungen beruhen, und damit der Leistungsgedanke im Vordergrund steht, bleiben die ideellen Werte und Ziele des Schulsports auf der Strecke.

4. Der traditionelle Sportunterricht ist daher für viele Kinder ein ihnen den Spaß an Sport und Bewegung verderbender Problemunterricht.

Inputtext 2

1. Sport zu treiben ist in einer im Alltag nicht viel Gelegenheit zu Bewegung bietenden Gesellschaft sinnvoll.

2. Daher ist es gut, dass es vielfältige, Arbeitsplätze schaffende und berufliche Perspektiven bietende Anbieter im Bereich Freizeitsport gibt.

3. Sport und Kommerz bilden indessen vor allem bei Zuschauersportarten wie Fußball oder bei Großereignissen wie der Olympiade eine negative Verbindung, denn hier dominieren mittlerweile wirtschaftliche Interessen, was sich zum Beispiel an den Mannschaften zeigt, die zusammengekauft werden, und an den sportlichen Höchstleistungen, die auf zweifelhafte Weise errungen werden.

4. Dazu fördert die Industrie eine die individuelle Leistung einiger Spitzensportler übermäßig hervorhebende Heldenverehrung, die dem Teamgeist, vor allem bei Mannschaftssportarten, entgegensteht.

Inputtext 3

1. Der aktive Freizeitsport bietet uns die Lebensqualität, <u>die wir im Alltag so oft vermissen</u>.

2. Gerade in den Städten stellen Angebote zum Freizeitsport einen Faktor dar, <u>der die Lebensqualität des Einzelnen deutlich erhöht</u>.

3. In diese Aufzählung positiver Aspekte sollte indessen nicht der bloß passive Sportkonsum mit inbegriffen werden, der einerseits Spannung und auch Entspannung bietet, der andererseits aber die Freizeit, <u>die knapp bemessen ist</u>, oft noch weiter verkürzt.

4. Diese Form der Sportbegeisterung, <u>die durch starke wirtschaftliche Interessen gefördert wird</u>, denkt man nur an Sponsoren und den Kampf um Übertragungsrechte im Fernsehen, hält nämlich gerade Berufstätige, <u>die im Alltag gestresst sind</u>, eher davon ab, selber aktiv zu werden.

4. Zusammenfassende Übungen

Übung 1

Bitte verbessern Sie die folgenden Textausschnitte, indem Sie die Sätze durch Konnektoren miteinander verbinden oder Nebensätze nominalisieren.

Text 1: Datenschutz gleich Täterschutz

Beispiel:
Datenschutz ist ein ebenso legitimes Anliegen wie die Verfolgung von Straftätern. Er ist ein Grundrecht. <u>Es</u> wurde vom Bundesverfassungsgericht mehrfach bestätigt, <u>obwohl</u> die Befürworter von mehr staatlicher Überwachung sich darum bemühen, ihn als bloßen Luxus darzustellen.

Datenschutz ist ein ebenso legitimes Anliegen wie die Verfolgung von Straftätern. Er ist ein Grundrecht, das vom Bundesverfassungsgericht trotz des Bemühens der Befürworter von mehr staatlicher Überwachung, ihn als bloßen Luxus darzustellen, mehrfach bestätigt wurde.

1. Oftmals schließen sich Datenschutz und der Schutz der Bevölkerung vor Verbrechen gar nicht aus. Sie bedingen sich gegenseitig.

2. So dürfte es schwierig sein, z.B. den so genannten Identitätsmissbrauch, um Straftaten wie einen Betrug zu begehen, zu verhindern, wenn immer mehr Daten angesammelt werden und früher oder später Kriminellen in die Hände fallen, nachdem sie zuvor im Netz verloren gegangen sind.

____

____

3. Davon abgesehen nehmen unschuldige Bürger, indem staatliche Überwachungsbefugnisse ständig erweitert werden, auch dann Schaden, wenn ihre Daten nicht von einem der Datenverluste betroffen sind. Diese sind momentan allgegenwärtig.

____

____

4. Gerade die Vorratsdatenspeicherung ruft bei vielen Menschen das Gefühl hervor, ständig unter Beobachtung zu stehen. Sie verändern ihr Verhalten, trauen sich weniger, offen ihre Meinung zu sagen oder verzichten auf die Nutzung bestimmter Kommunikationskanäle.

____

____

5. Psychologische Beratungsstellen, Ärzte, Rechtsanwälte und ähnliche Berufsgruppen berichten: weniger Menschen suchen bei ihnen Hilfe. Sie haben Angst, dass dieser Schritt nicht so vertraulich ist, wie er sein sollte.

____

____

6. In diesen Fällen bleibt also auch der Opferschutz auf der Strecke. Er wird von den Befürwortern der Vorratsdatenspeicherung ins Feld geführt.

____

____

Übung 2

Bitte verbessern Sie die folgenden Textausschnitte, indem Sie Sätze durch Konnektoren miteinander verbinden, Nebensätze nominalisieren und Konjunktionaladverbien verwenden. Ersetzen Sie Nomen an geeigneter Stelle durch Pronomen.

Text 2: Vorurteile

Beispiel (1):

In unserer Gegenwart werden wir immer wieder vor die Aufgabe gestellt, einer neuen Lage offen und unbefangen ins Auge zu sehen. Überlieferte Vorstellungen haben sich als falsch oder unzureichend erwiesen. Vieles, was wir fest begründet glaubten, hat sich als bloßes Vorurteil erwiesen.

In unserer Gegenwart werden wir immer wieder vor die Aufgabe gestellt, einer neuen Lage offen und unbefangen ins Auge zu sehen, weil sich überlieferte Vorstellungen als falsch oder unzureichend erwiesen haben, sodass sich vieles, was wir fest begründet glaubten, als bloßes Vorurteil erwiesen hat.

Beispiel (2):

Unser Ideal ist, so scheint es, das Ideal der Vorurteilsfreiheit. Wir fragen uns, was dieses Ideal bedeutet. Wir müssen uns darüber klar sein, was überhaupt ein Vorurteil ist.

Unser Ideal ist, so scheint es, das Ideal der Vorurteilslosigkeit, allein/ doch bevor wir uns fragen, was dieses Ideal bedeutet, müssen wir uns zunächst darüber klar sein, was überhaupt ein Vorurteil ist.

1. Das Vorurteil ist eine Art Urteil. Es ist kein richtiges Urteil. Es ist etwas, was „vor" dem Urteil liegt. Es verstellt uns den Zugang zum richtigen Urteil.

____

____

2. In unserem täglichen Leben ist das Urteil eine Handlung. Etwas fraglich Gewordenes wird festgelegt. In jedem Urteil wird etwas entschieden. Der Mensch nimmt darin Stellung.

____

____

3. Das Urteil setzt voraus: Der Mensch hat die beiden Möglichkeiten, zwischen denen man schwanken kann, gegeneinander abgewogen. Er entscheidet sich.

____

____

4. Ein Vorurteil ist etwas, was vor dem Urteil liegt. Es ist selbst kein Urteil, wirkt aber wie eines.

____

5. Es nimmt etwas als entschieden an. Der Mensch hat sich nicht wirklich entschieden.

____

6. Das Vorurteil ist eine im weitesten Sinne soziale Erscheinung. Es tritt stets als zu einer bestimmten sozialen Gruppe zugehörig auf. Sie gibt vor, was ein Angehöriger einer bestimmten Gruppe tun darf und vor allem nicht tun darf, ohne an Ansehen zu verlieren.

____

____

7. Zum Vorurteil gehört eine hartnäckige Unbelehrbarkeit. Sie ist nicht durch mangelndes Wissen begründet. Hinter dieser Unbelehrbarkeit steht das mangelnde Wollen. Der Mensch entzieht sich der besseren Einsicht.

____

____

8. Es entsteht aus einer Konfliktsituation. Der Mensch fühlt sich nämlich durch eine neue Situation bedroht.

____

____

9. Der lebendige Mensch würde sich jetzt dieser neuen Situation anpassen, sich auf sie umzustellen versuchen. Dazu gehören Mut, die Fähigkeit zum Wagnis, die Fähigkeit, ganz neu anzufangen.

____

____

10. Der Mensch fürchtet sich davor, das Alte aufzugeben. Er gibt sich den Aufgaben der Gegenwart hin. Er flüchtet sich ins Vorurteil.

____

____

11. Das eigene Urteil erfordert vom Menschen immer eine erhebliche Anstrengung. Der Mensch lebt im Vorurteil sehr viel bequemer dahin. Mit der eigenen Entscheidung muss er zugleich das Wagnis des Irrtums übernehmen.

____

____

12. Die selbstverständliche Gültigkeit überlieferter Ordnungen ist einmal fraglich geworden. Die Flucht in das Vorurteil führt zu einer Unwahrhaftigkeit des gesamten menschlichen Daseins. Sie umgibt alles echte menschliche Leben.

____

____

Übung 3

Bitte verbinden Sie die folgenden Sätze, indem Sie Konnektoren einsetzen, Nebensätze nominalisieren und Konjunktionaladverbien verwenden. Ersetzen Sie Nomen an geeigneter Stelle durch Pronomen.

Text 3 - Die Zukunft des Lesens

Beispiel:

Eltern klagen. Ihre Kinder, vor allem ihre Söhne, bummeln lieber durch digitale Welten. Sie nehmen Gedrucktes auch nur zur Kenntnis. Lehrer beschweren sich über lesefaule Schüler. Sie beschweren sich über Eltern. Diese lesen ihren Kindern keine Bücher mehr vor.

Während Eltern darüber klagen, *dass* ihre Kinder, vor allem ihre Söhne, lieber durch digitale Welten bummeln, *als* Gedrucktes auch nur zur Kenntnis zu nehmen, beschweren sich Lehrer *sowohl* über lesefaule Schüler *als auch* über Eltern, *die* ihren Kindern keine Bücher mehr vorlesen.

1. Autoren und Redakteure sehen es mit Sorge. Die Aufmerksamkeit ihrer Leser wird von immer mehr Medien beansprucht. Chefredakteure klagen über Autoren. Sie strapazieren das knappe Zeitbudget genau dieser Leser durch zu lange Texte.

____

____

____

2. Geklagt wird immer. Es fällt auf: Die Lese-Klagen sind zu manchen Zeiten lauter als sonst. Es sind Zeiten, in denen Menschen starke Veränderungen erfahren.

____

____

3. Ein neues Medium kann eine ganze Gesellschaft umkrempeln. Man will es früher als andere wissen. Bahnt sich eine Revolution an? Man sollte Menschen beim Lesen beobachten.

4. Alle neueren Studien kommen zum gleichen Schluss. Wir Textkonsumenten sind ungeduldiger, hektischer und zerstreuter geworden. Unser Lesen ist nicht erlebnisorientiert. Es ist ergebnisorientiert.

5. Wir verhalten uns wie geistige Goldsucher. Wir kosten den Text nicht Zeile für Zeile aus, wir arbeiten ihn nicht durch. Wir scannen und filtern Buchstabenhalden auf der Suche nach brauchbaren Info-Nuggets.

6. Besonders jüngere Leser sagen dazu: Schließlich sei der Inhalt allein entscheidend. Es stellt sich die Frage: Kann jemand, der vor allem Informationsbrocken abspeichert, überhaupt noch längere Gedankengänge verfolgen?

7. Wissenschaftler sprechen ihre Zweifel mit großer Gelassenheit aus. Sie entdecken immer wieder erstaunliche Parallelen zwischen historischen Umbrüchen und den Mediendiskussionen der Gegenwart.

8. Der Buchdruck kam auf. Die Stimmen der Mahner und Warner fanden nur wenig Gehör. Die Begeisterung über die Möglichkeiten des neuen Mediums überwog die Skepsis.

9. Auch viele Studenten haben in den vergangenen Jahren völlig neue Lese- und Arbeitsmethoden entwickelt. Man staunt über die Effizienz, mit der sie große Text- und Datenmassen in kürzester Zeit durchfiltern.

10. Früher recherchierten sie alleine in der Bibliothek an Originalquellen. Sie beschaffen sich jetzt Informationen durch den Austausch mit Fachkollegen im Netz.

11. Der Blick auf die Gegenwart zeigt es. Der Graben zwischen Buch- und Bildschirmmenschen ist gar nicht so tief. Für alle ist es selbstverständlich. Informationen und Gedanken werden auch heute vor allem mithilfe des Mediums Schrift verbreitet.

12. Jedes Schulkind lernt es vom ersten Mausklick an. Man googelt. Man muss lesen und schreiben können.

___

___

3. Verweismittel (Kohäsionsmittel)

Bitte merken Sie sich:

Verweismittel helfen dabei, bei der Wahl der Ausdrucksmittel stilistische Monotonie zu vermeiden.

1. Substitution

Hier ersetzen Sie ein Wort durch Synonyme, Ober- und Unterbegriffe, Metaphern, Paraphrasen und auch durch negative Gegenwörter.

Übersicht 2 mit Beispielen

Verweismittel	Bedeutung	Ausgangswort	Beispiele
Synonym	ein Wort wird durch ein bedeutungsgleiches oder bedeutungsähnliches Wort bzw. eine Umschreibung ersetzt	1. Mann 2. Frau	1. Herr, Ehegatte, Kerl, männliche Person 2. Dame, Ehefrau, weibliche Person, Weib
Oberbegriff	der allgemeine Begriff, dem in ihrer Bedeutung speziellere Begriffe oder Umschreibungen untergeordnet werden	1. Mann 2. Frau	1. und 2.: Mensch, Person, Leute
Unterbegriff	der speziellere Begriff (Umschreibung), den man einem allgemeineren Begriff unterordnen kann	1. Mann 2. Frau	1. der Angestellte, Vater, Verkäufer, Fußgänger 2. Kandidatin, Mutter, Passantin, Arbeiterin
Metapher	Wörter werden nicht im wörtlichen, sondern im übertragenen Sinn gebraucht	Mensch	die Krone der Schöpfung
Paraphrase	erklärende Umschreibung eines bestimmten Sachverhaltes	die Frau dort	die, die dahinten mit den zwei Einkaufstaschen an der Bushaltestelle wartet
(negative) Gegenwörter	Wörter mit gegensätzlicher Bedeutung zum Ausgangswort	1. Mann 2. Frau	1. (keine) Frau, (kein) Kind (mehr) 2. (kein) Mann, (kein) kleines Mädchen (mehr)

Beispiel 9 - Lebensgefühle

1 *Glück hat nicht unbedingt etwas mit einem zufriedenen Leben zu tun, es ist nicht so wichtig. „Glücklich sein" ist nur ein vorübergehender Gemütszustand.*

2 *Unsicherheit beherrscht unser Dasein: die Angst vor dem Verlust des Arbeitsplatzes und vor finanzieller Not, die Angst vor Veränderung, die Angst vor Krankheit und vor dem Altwerden.*

3 *Die Zuversicht, sich auch in der Zukunft behaupten zu können und Lösungen für offene Fragen oder Aufgaben finden oder schaffen zu können, macht einen wichtigen Teil der persönlichen Lebenszufriedenheit aus.*

Übung 1

Setzen Sie die Wörter aus dem Kasten in die richtigen Lücken ein.

Zu Inputtext 1

intensive Empfindung / Gemütsverfassung / wunschlos glücklich / ~~das höchste aller Gefühle~~ / bescheidenen Schwester / ausgeglichen

Beispiel:
Glück ist ein Moment, der uns oft aus heiterem Himmel zufällt. Es gilt als ______________________________, obwohl es so flüchtig und unvorhersehbar ist.

Glück ist ein Moment, der uns oft aus heiterem Himmel zufällt. Es gilt als *das höchste der Gefühle*, obwohl es so flüchtig und unvorhersehbar ist.

1. Zufriedenheit ist dagegen bis zu einem gewissen Grad steuerbar. Sie bedeutet eine ______________________, die Aspekte wie ______________________, ______________________, Kontrolle über das eigene Leben und andere mehr umfasst.

2. Nun muss man sich aber fragen, warum wir nicht eine so ______________________ wie das Glück zu unserem Lebenszweck erklären sollen.

3. Sollen wir uns wirklich dem Diktat der Vernunft beugen und uns mit der ______________________ des Glücks, der bloßen Zufriedenheit begnügen?

Zu Inputtext 2

Verlegenheiten - Bedrohung - Gewissheit - Schutzlosigkeit - in Frage stellt - Ängste - Stabilität - Entschlossenheit

1. Unsicherheit ist das genaue Gegenteil der ________________, der ________________, der ________________, der Fundamente eines zufriedenen Lebens also.

2. Gerade in Zeiten persönlicher oder wirtschaftlicher Krisen, deren Bewältigung uns fast aussichtslos erscheint, dominiert in unserem Leben das Gefühl der persönlichen ________________ und ________________.

3. Indessen ist es wohl übertrieben zu behaupten, dass die Unsicherheit unser Dasein wirklich beherrscht, vielmehr gehört es zum untrennbaren Bestandteil menschlichen Lebens, sich von Zeit zu Zeit einer Empfindung ausgesetzt zu sehen, welche die eigene Existenz zum Teil ________________.

4. Im Übrigen ist der Durchschnittsmensch mit hinreichenden Mechanismen ausgestattet, um seine ________________ überwinden oder momentane ________________ kaschieren zu können.

Zu Inputtext 3

Hoffnung - Aussicht – mutlos - Optimismus – Selbstzweifels - voller Skepsis – Vertrauen – positiven Perspektiven

1. ________________ und das ________________ in die eigenen Fähigkeiten stellen in der Tat zwei wichtige stabilisierende Faktoren im Leben eines jeden Menschen dar, sofern sie auf einer soliden Grundlage beruhen.

2. Wer seine Tage ________________ und ________________ erlebt, dem muss geholfen werden, damit er zu seinen Stärken, über die jeder Mensch verfügt, und zur berechtigten ________________ auf eine bessere Zukunft zurückfindet.

3. Dennoch kann die Zuversicht auch an Grenzen stoßen, zum einen an persönliche, weil man seine Fähigkeiten und Möglichkeiten falsch einschätzt, und zum anderen an von außen gesetzte Hindernisse, die jede ________________ auf eine Besserung der eigenen Lebenssituation verstellen.

4. Dies dürften denn auch die Momente der schwersten Prüfung der eigenen Existenz sein und oft genug führen der Mangel an ________________ und das Überwiegen des ________________ zum Scheitern.

2. Pro-Formen

Hier ersetzen Sie Wörter oder Wortgruppen durch Pronomen und Demonstrativpronomen und -artikel, Indefinitpronomen sowie durch Pronominaladverbien.

Übersicht 3

Verweismittel	Beispiele
Personalpronomen	ich, du, er, sie, es ...
Demonstrativpronomen und -artikel	dieses, solche, solch ein, ein solches, dies, der, die, das ..., dasjenige, dasselbe
Indefinitpronomen	man, alle, viele, jeder, manche, manch ein, einige, einzelne, andere, mehrere, etwas, nichts
Pronominaladverbien	dafür, hierfür, wofür, damit, hiermit, womit

Beispiel 10 - Erziehung und Erziehungsmethoden

1 *Damit Kinder ihre Kreativität entfalten, brauchen sie Aufmerksamkeit, Zeit und Raum, ein kreatives Umfeld und Vorbilder.*

2 *Durch übertriebene Strenge, zuviel Disziplin und ständiger Angst vor Strafe verlieren Kinder nicht nur das Vertrauen in ihre Eltern, sie sind auch die schlechteste Voraussetzung, um zu lernen und um die Welt zu begreifen.*

3 *Demokratischer Erziehungsstil bedeutet, dass alle wichtigen Entscheidungen von den Eltern mit ihrem Kind besprochen werden und über sie abgestimmt wird.*

Zu Inputtext 1

Wählen Sie die passenden Pronomen, Demonstrativpronomen und -artikel, Indefinitpronomen sowie Pronominaladverbien.

Beispiel:

Was verstehen wir unter Kreativität als Erziehungsziel? __________ ist die Fähigkeit, Dinge zu schaffen, die für das Kind, das sie hervorbringt, neu sind. (Diese/ Sie/ Solch eine)

Was verstehen wir unter Kreativität als Erziehungsziel? *Sie* ist die Fähigkeit, Dinge zu schaffen, die für das Kind, das sie hervorbringt, neu sind.

1. ________________ Kind denkt selbstständig und innovativ, __________ übernimmt keine Denkmuster, sondern kommt zu eigenständigen Ergebnissen für seinen Lebensweg.
(Jenes/ Dasjenige/ Ein solches – es/ das/ dieses)

2. ________________ Kinder, deren Schöpfungsdrang von früh an gefördert wurde, werden es später in vielen Lebensbereichen einfacher haben, denn _______ sind flexibler und finden schneller Lösungen für ihre Probleme als ________________ ihrer Altersgenossen.
(Solche/ Einzelne/ Mehrere – viele/ manche/ sie – alle/ dieselben/ manch einer)

3. Indessen muss die Förderung der individuellen Kreativität im gesellschaftlichen Kontext gesehen werden, da bereits in der Schule und sicher im späteren Arbeitsleben auch Fähigkeiten wie ________________ zur sozialen Eingliederung und zur Anpassung an bestimmte Leistungs- und Verhaltensanforderungen gefragt sind.
(diejenigen/ dieselben/ sie)

4. ______________ zu entsprechen erfordert ein gehöriges Maß an Selbstdisziplin und Einsicht, welche die Persönlichkeit des Einzelnen beschränken können, aber auch müssen.
(Allen/ Diesen/ Manchen)

Zu Inputtext 2

andere – das – darauf – hierauf – dies – dieser – daran

Beispiel:

Strenge, Disziplin und Strafe zielen gewöhnlich darauf ab, dass Kinder von außen gesetzten Anforderungen bedingungslos nachkommen. _____________ reagiert ein Kind oft mit Aggression, die sich entweder gegen sich selbst oder gegen die Personen richtet, die es maßregeln.

Strenge, Disziplin und Strafe zielen gewöhnlich darauf ab, dass Kinder von außen gesetzten Anforderungen bedingungslos nachkommen. *Hierauf* reagieren viele Kinder mit Aggression, die sich entweder gegen sich selbst oder gegen die Personen richtet, die es maßregeln.

1. ________________ ist in zahlreichen Studien belegt worden, welche kindliches Verhalten in autoritären Eltern-Kind-Beziehungen zum Gegenstand hatten.

2. ________________ wiederum ziehen sich immer mehr in sich zurück, gehorchen widerstandslos und haben trotzdem das Gefühl, den an sie gestellten Anforderungen nicht gerecht zu werden.

3. Jede Übertreibung führt zu einem unguten Ergebnis, ______________ kann es keinen ernsthaften Zweifel geben.

4. _____________ bedeutet aber nicht, von Kindern gar keine Disziplin zu fordern oder jede Form der Bestrafung von vornherein als autoritär abzulehnen, denn ___________ kommt es gerade an, den goldenen Mittelweg in ___________ für Eltern und Kinder sensiblen Frage zu finden.

Zu Inputtext 3

Beispiel:

Pädagogen sind sich darüber einig, dass Kinder die Erfahrung machen müssen, mitreden zu können und Gehör zu finden. _______________ gehen sogar so weit zu behaupten, dass sich Eltern den Entscheidungen ihrer Kinder beugen müssen, wenn sie von ihnen überstimmt werden.

Pädagogen sind sich darüber einig, dass Kinder die Erfahrung machen müssen, mitreden zu können und Gehör zu finden. *Einige* gehen sogar so weit zu behaupten, dass sich Eltern den Entscheidungen ihrer Kinder beugen müssen, wenn sie von ihnen überstimmt werden.

1. Ein _____________ Nachgeben erfordert seitens der Eltern also die Bereitschaft zur Einschränkung ihrer Handlungsmöglichkeiten, die ihnen normalerweise ohne weiteres zugestanden werden.

2. _____________ weiß, wie schwierig es ist, Machtbefugnisse abzugeben. _______________ gilt auch für Eltern, doch besteht _____________ Lohn darin, ihren Nachwuchs zu selbstbewussten Persönlichkeiten heranwachsen zu sehen.

3. Wie jedes Ding, so hat aber auch _____________ Erziehungsmethode ihre Kehrseite.

4. Zwar werden den Kindern großzügig Mitbestimmungsrechte eingeräumt, aber wenn es um die Pflichten geht, die ebenso zum demokratischen Modell gehören, wird von den Vertretern eines demokratischen Erziehungsstils betreten geschwiegen. _______________ möchten sich nämlich nicht gerne _____________ festlegen, wozu die Kinder im täglichen Miteinander in der Familie verpflichtet sein sollen, damit die ihnen zugestandenen Rechte nicht unverhältnismäßig wirken.

3. Unbestimmter - bestimmter Artikel, Pro-Verben und explizite Textverknüpfung

Übersicht 4

Verweismittel	**Beispiele**
Textdeixis: Bezugname auf bestehendes Wissen	*unbestimmter Artikel - bestimmter Artikel*: Ein Mann steht an der Ecke. *Der* Mann trägt einen grauen Mantel.
Proverb: Ein Verb verweist auf vorangegangene Verben	*tun, machen:* Energie sparen, recyceln, sparsamer mit Trinkwasser umgehen – jeder kann das *tun*
Explizite Textverweisung: ein Text spricht über sich selbst	In der Folge möchte ich auf XY eingehen / wie oben erwähnt / hierzu sollen einige Beispiele angeführt werden / bereits beschrieben

Beispiel 11: Idole und Vorbilder

1 *Unsere Idole und Vorbilder geben Aufschluss darüber, welche Wertvorstellungen für unsere Gesellschaft von Bedeutung sind.*

2 *Es gibt ungewöhnliche Menschen, die Bewundernswertes und Erstrebenswertes tun, an denen man sich orientieren kann. Aber es gibt keinen perfekten Menschen. Alle unsere Vorbilder stehen auf wackligen Füßen.*

3 *Wenn ein Mensch seinen eigenen Lebensweg erfolgreich gehen soll, braucht er auch Idole.*

Wählen Sie die passenden Verweismittel.

der (2x) / taten / diese / beispielhaft seien hier ... angeführt / ein / eine / vollbracht / genannten / das (2x) / getan haben / oben erwähnten / im Folgenden / beispielhaft angeführten / die (2x)

Beispiel:

Regelmäßig veröffentlichte Befragungen bringen ans Tageslicht, dass die Menschen immer noch ein Vorbild für ihr Leben nennen können. __________ Vorbild, das sie nennen, mag verschiedene Namen tragen, zeichnet sich aber oft durch gemeinsame Eigenschaften aus.

Regelmäßig veröffentlichte Befragungen bringen ans Tageslicht, dass die Menschen immer noch ein Vorbild für ihr Leben nennen können. *Das* Vorbild, das sie nennen, mag verschiedene Namen tragen, zeichnet sich aber oft durch gemeinsame Eigenschaften aus.

Zu Inputtext 1

1. Es handelt sich in der Regel um Menschen, die sich in Gefahr begeben haben, die Bedenken zurückgestellt haben oder die ganz einfach gehandelt haben, wo der normale Mensch zögert. Sie _____________ all dies, um Ungerechtigkeiten entgegenzuwirken oder um ein Ziel zu erreichen, das zu einer besseren Gesellschaft führt.

2. ________________________________ Persönlichkeiten wie Mutter Teresa, Mahatma Gandhi oder Michail Gorbatschow ______________, die offenbar an moralischer Vorbildfunktion für die Befragten nicht verloren haben.

3. Jedoch kann man sich des Eindrucks nicht erwehren, dass es sich bei den ___________ ___________________ Personen nicht um wirkliche Vorbilder handelt, die wir nachahmen wollen und können, da sie von uns durch ihre Größe gewissermaßen entrückt sind.

4. Es handelt sich eher um Menschen, die wir für das, was sie ______________, bewundern, mag man auch zugestehen, dass Mutter Teresa uns zur Nächstenliebe inspirieren und Mahatma Gandhi uns ein Stück persönlicher Lebensphilosophie vermitteln kann. _______ Menschen, deren Leben tatsächlich zur Nachahmung geeignet ist, sind wohl eher die Alltagshelden aus unserem Lebenskreis, die uns durch eine Tat oder ihr Verhalten beeindrucken.

Zu Inputtext 2

1. Überdies wird man herausfinden, sieht man sich die Biographie eines der gängigen Vorbilder an, dass deren Leben keinesfalls demjenigen eines Heiligen gleicht. Dennoch überwiegt das Vorbildhafte, das sie _________________ haben, gegenüber einem eventuellen Fehlverhalten.

2. Vielleicht ist es auch gerade das Unvollkommene, das uns solche Menschen wirklich näher bringen kann. Die ____________________ Alltagshelden zeichnen sich ja auch dadurch aus, dass sie einfache Zeitgenossen sind, die im richtigen Moment das Richtige getan haben.

3. Zugleich wird so der bedeutungsschwere Begriff des Vorbildes auf seine fassbare Dimension reduziert. Nicht ein Mensch, der so Großes vollbracht hat, dass er unserem Leben vollkommen entrückt ist, sondern ________ Mensch, der durch eine, am Weltgeschehen gemessen, Kleinigkeit im positiven Sinne auf sich aufmerksam macht, verdient die Bezeichnung des Vorbildes.

4. ________ unantastbare große Vorbild, eine Art heilige Kuh, ist damit überholt. Und war es nicht sowieso eher ein Produkt einer bestimmten Wertepropaganda. __________ Vorbild, das uns wirklich bewegt, muss uns in mancher Hinsicht ähnlich sein und dennoch über sich hinauswachsen können, wenn es darauf ankommt.

Zu Inputtext 3

1. Der Begriff des Idols wird dagegen in erster Linie mit Jugendlichen in einen Zusammenhang gebracht, wobei dann gerade aktuelle Berühmtheiten wie Sänger, Sportler oder andere Stars angeführt werden. ___________________ möchte ich erläutern, warum gerade diese zu Idolen für junge Menschen werden.

2. Der Übergang vom Kind zum Erwachsenen ist durch ____________ verstärkte Unsicherheit gekennzeichnet. Dabei betrifft ________ Unsicherheit zunächst einmal das äußere Erscheinungsbild. Indem sich der Jugendliche an den ______________ Idolen orientiert, die in seiner Altersgruppe akzeptiert werden, kann er sich deren Art sich zu kleiden, zu frisieren usw. anpassen, um sich davor zu schützen, von Gleichaltrigen verspottet zu werden.

3. Über diese Funktion hinaus hat ein Teenidol einem jungen Menschen allerdings nicht viel zu bieten. Oft ist ________ jeweils gewählte Star nämlich nichts anderes als ein geschickt konstruiertes Produkt der Massenmedien und des Showbusiness, das wenig zur Selbstfindung beitragen kann.

4. Weit wichtiger als Idole sind demgegenüber für Heranwachsende Bezugspersonen, denen er vertrauen kann, wie auch Vorbilder aus seinem Umfeld. An einem solchen Vorbild wird er vielleicht eine Eigenschaft entdecken, die er gerne für sein Leben übernehmen würde. Der Vorteil: ________ Eigenschaft, die er gewählt hat, ist im Alltag konkret auf ihre Lebbarkeit und Akzeptanz hin nachprüfbar.

4. Variabler Satzbau

Hinweis:

Ein abwechslungsreicher Satzbau macht das Lesen eines Textes interessanter, aber: Keine Übertreibungen, Ihr Text muss lesbar bleiben!

Allgemeine Tipps:

1. Beginnen Sie nicht jeden Satz mit demselben Wort bzw. mit dem Subjekt des Satzes.
2. Neue Informationen stehen im Deutschen in der Regel am Ende eines Satzes.
3. Wenn Sie einen Satzteil an den Anfang des Satzes stellen, wird er besonders betont.

Übung

Beispiel 12: Energie und Umwelt

Verbessern Sie den folgenden Text zu den drei Inputtexten. Beherzigen Sie auch die oben angeführten Tipps sowie Ihre Kenntnisse zu den Verweismitteln im Text.

1 *Die Atomkraft hat endgültig ausgedient, als Zukunftstechnologie hat sie das in sie gesteckte Vertrauen verloren.*

2 *Strom aus erneuerbaren Energiequellen ist zu teuer und er stellt keine stabile und ausreichende Energieversorgung sicher.*

3 *Die beste Energiequelle ist das Energiesparen.*

Beispiel:

Durch die Nuklearkatastrophen der letzten Zeit ist ein Ausstieg aus der Atomenergie wieder aktuell geworden. Die Nuklearkatastrophen haben gezeigt, dass der Schaden für die Umwelt und die Folgekosten für die Wirtschaft immens, wenn nicht unbezahlbar sind.

Ein Ausstieg aus der Atomenergie ist durch die Nuklearkatastrophen der letzten Zeit wieder aktuell geworden. Diese haben gezeigt, dass der Schaden für die Umwelt und die Folgekosten für die Wirtschaft immens, wenn nicht unbezahlbar sind.

Zu Inputtext 1

❗ Die untestrichenen Wörter zeigen Ihnen, wo Sie eine Veränderung vornehmen müssen.

1. Die Endlagerung des Atommülls ist ein Dauerproblem, welches bislang nicht gelöst wurde. Noch kein geeignetes Endlager ist <u>bisher</u> nämlich gefunden worden. Ein solches Endlager für alte Brennstäbe muss <u>dabei</u> für die Ewigkeit halten, damit zukünftige Generationen nicht gefährdet werden.

____

____

____

2. Befürworter der Atomkraft halten <u>dennoch</u> dagegen, dass das Gefahrenpotential der Kernkraft durchaus kalkulierbar sei. Sie behaupten, dass <u>es allein eine Frage hinreichender technischer Kontrollen der Kernkraftwerke sei</u>, um deren Gefahrenpotential zu mindern.

____

____

____

3. Die öffentliche Meinung dürfte <u>demgegenüber</u> mittlerweile zu dem Schluss gekommen sein, dass selbst das kleinste Restrisiko noch zu hoch ist. <u>Ihrer Ansicht nach</u>, sollte sich ein noch so unwahrscheinlicher großer Reaktorunfall ereignen, <u>würden sich nicht absehbare Folgeschäden in den kommenden Generationen offenbaren</u>.

____

____

____

4. Ein Ausstieg aus der Atomenergie setzt natürlich den Umstieg auf andere Energiequellen voraus. Um <u>den</u> Ausstieg aus der Atomenergie zu erreichen, <u>müssen vor allem erneuerbare Energiequellen ausgebaut werden</u>, fordern Wissenschaftler.

____

____

Zu Inputtext 2

❗ Und nun folgen Sie Ihrem eigenen Stilgefühl!

1. Sonne, Wind und Wellen stehen uns nicht immer und in gleichem Maße zur Verfügung. Wegen dieser Schwankungen <u>durch die Energieerzeugung aus Sonne, Wind und Wellen kann</u> eine gleichbleibende Energieversorgung nicht gewährleistet werden.

____

____

____

2. Teurer als der ohnehin schon teure Strom, der durch konventionelle Technologien produziert wird, ist <u>Energie aus erneuerbaren Energiequellen, dies kommt hinzu</u>. Für Energie aus regenerativen Energiequellen <u>müssen nämlich erst einmal die notwendigen Produktionsanlagen errichtet werden</u>.

____

____

____

3. Dabei werden allerdings nicht die Kosten berücksichtigt, welche durch die fossilen Energiequellen und die Kernenergie langfristig für die gesamte Volkswirtschaft entstehen. Es macht die Kalkulation der wahren Ausgaben, etwa für Klima- und Gesundheitsschäden, fehlerhaft, in diesem Zusammenhang nur die Kosten anzuführen, die momentan, also kurzfristig und rein betriebswirtschaftlich betrachtet, anfallen.

____

____

____

Zu Inputtext 3

1. Die beste Energie ist immer noch die, die nicht gebraucht wird. Es ist so einfach, Energie zu sparen, zum Beispiel durch Verzicht auf Stand-By. Verzicht bedeutet hier nicht den Verlust an Lebensqualität und Bequemlichkeit. Der Verzicht schützt statt dessen natürliche Ressourcen und den eigenen Geldbeutel.

____

____

____

2. Erreicht werden kann dieses Ziel durch individuelle Beratung und Information des Verbrauchers. Steigerung der Energieeffizienz von Wohngebäuden und Haushaltsgeräten ist vor allem das größte Einsparpotential für den Verbraucher.

____

____

____

3. Es bedarf allerdings hoher Investitionen, um dieses Einsparpotential zu aktivieren. Vor allem die privaten Haushalte müssen diese Investitionen tätigen.

____

____

____

4. Gerade finanziell schwächere Gesellschaftsgruppen können sich aber neue energiesparende Haushaltsgeräte oder aufwendige Renovierungen kaum leisten. Viel zu hoch sind für sie diese Ausgaben.

____

____

____

5. Für Städte und Gemeinden, die veraltete Heizsysteme in öffentlichen Gebäuden zum Beispiel dringend ersetzen müssten, gilt dasselbe. Sie schrecken vor den hohen Investitionen, die dies mit sich brächte, naturgemäß zurück.

____

____

____

V. Themen zur Bearbeitung

1. Die im Übungsteil behandelten Themen:

2. Setzen Sie sich nun mit den folgenden Themen auseinander:

Beispiel 13: Höflichkeit und Umgangsformen

1 *Umgangsformen haben die Aufgabe, den Umgang mit anderen Menschen angenehmer zu machen. Gleichzeitig zeigen wir anderen unseren Respekt.*

2 *Höflichkeit ist nichts als eine Taktik, damit wir unsere Interessen durchsetzen und unser Fehlverhalten vertuschen können, wenn wir uns über die vermeintliche Unhöflichkeit eines anderen, dem wir gerade einen Schaden zugefügt haben, aufregen, um vom eigentlichen Thema abzulenken.*

3 *Gute Umgangsformen sind auch am Arbeitsplatz unerlässlich, das gilt vor allem für Arbeitsplätze mit Kundenkontakt.*

Beispiel 14 – Übersinnliches und Vernunft

1 *Die meisten Menschen sind nicht dazu in der Lage, Unbegreifliches oder Widersprüchliches zu ertragen und reagieren mit Ableugnung und Verdrängung*

2 *Aberglaube, Schutzengel und Co – gerade in Krisenzeiten wollen die Menschen an das Unerklärliche glauben, um ihre Angst zu zügeln*

3 *Die Vernunft und das Denken sind immer noch das wichtigste Werkzeug des Menschen, um zu einer Erkenntnis zu kommen.*

Beispiel 15 - Globalisierung

1 *Es müssen die Weichen für eine stabile und faire Globalisierung gestellt werden - der freie Markt ist das effizienteste Modell für dieses Ziel.*

2 *Unsere Sicherheit und unser Wohlstand hängen vor allem von internationaler Kooperation und Armutsbekämpfung ab.*

3 *Der ungezügelte Kapitalismus richtet massiven Schaden an.*

Beispiel 16 – Moderne Arbeitsbedingungen

1 *Ständige Erreichbarkeit wird als selbstverständlich betrachtet. Selbst im Urlaub gibt es keine echte Auszeit von der Arbeit.*

2 *Voraussetzungen für den Burnout: Arbeit wird immer knapper, die Anforderungen an Produktivität haben sich immens gesteigert.*

3 *Haben Beschäftigte sichere und fair bezahlte Arbeitsplätze und wird ihre Arbeit von Vorgesetzten respektiert, steigt die Produktivität ihrer Leistung.*

Beispiel 17 – Technischer Fortschritt

1 *Der technische Fortschritt wird immer schneller und die Zeit, in der man sich ihm anpassen kann, immer kürzer.*

2 *Der zunehmende technische Fortschritt führt bei der neuen Generation zu einem Verlust an emotionalen, kreativen und sozialen Fähigkeiten.*

3 *Gesellschaftlicher Fortschritt ist und war immer auch mit technischem Fortschritt verknüpft.*

Beispiel 18 – Die Macht der Bilder

1 *Die weltweit wahrgenommenen authentischen Bilder machen uns zu Augenzeugen und bestimmen unser Denken.*

2 *Die Macht der Bilder zeigt sich vor allem daran, dass bestimmte Bilder von Zeit zu Zeit verboten werden.*

3 *Die Bilderflut macht uns zu Analphabeten und mindert unsere Sprachkompetenz.*

Beispiel 19 – Reisen und Tourismus

1 *Der Sinn des Reisens besteht darin, die Vorstellungen mit der Wirklichkeit zu vergleichen, und anstatt zu denken, wie die Dinge sein könnten, sie so zu sehen, wie sie wirklich sind.*

2 *Und fahren wir am Ende nicht auch weg, um wieder zurückzukommen?*

3 *Der Tourismus weicht nationale Identitäten auf.*

Beispiel 20 – Zukunftsvisionen für Schule und Universität

1 *Die Schule muss ihr Augenmerk nicht auf die Schwächen, sondern auf die Stärken der Schüler richten.*

2 *Das Studium ist zu verschult, es wird fast gänzlich reguliert, jedes Weiterkommen in der Forschung ist an Vorgaben gebunden.*

3 *Schule und Studium kommen ohne Praxisnähe nicht aus, wenn sie nicht nur arbeitslose Akademiker hervorbringen wollen.*

Anhang: Themenauswahl mit Wortschatz

In diesem Anhang wird in beispielhafter Weise Wortschatz zu den im Buch behandelten Themen und Texten gegeben.

Arbeitsbedingungen	**1. STÄNDIGE ERREICHBARKEIT** **PRO** - ständige Erreichbarkeit hilft, Organisationsabläufe bei der Arbeit zu verbessern und somit Zeit zu sparen - sie betrifft nur Angehörige weniger Berufsgruppen, in der Regel Menschen, die für diese Einbuße an Freizeit durch ihr hohes Gehalt honoriert werden **CONTRA** - durch die ständige Erreichbarkeit wird dem Menschen die Möglichkeit genommen, abzuschalten und neue Energie zu sammeln - der auf dem Einzelnen lastende Druck, auch im Privatleben ständig die Rolle des Berufstätigen spielen zu müssen, führt vor allem im familiären Bereich und im privaten sozialen Umfeld des Betroffenen zu negativen Folgen **2. IMMENSE ANFORDERUNGEN AN DIE PRODUKTIVITÄT** **PRO** - die Anforderungen an die Produktivität haben sich in demselben Maße gesteigert, wie sich Arbeitsprozesse vereinfacht haben (z.B. Kommunikationstechnologie) - es ist ein Klischee, dass Arbeitsplätze immer knapper werden, Arbeitsplätze verknappen sich in Krisenzeiten, im Übrigen entstehen allein durch Innovationen jedes Jahr Tausende von neuen Arbeitsplätzen (Beispiel: Umwelttechnik) **CONTRA** - manche Managementmodelle leisten der Selbstüberforderung der Mitarbeiter Vorschub, wenn dieser sich nämlich nicht für eine gewisse Zeit im Unternehmen aufhalten, sondern wenn er bestimmte Leistungsergebnisse erbringen muss - die gewollte oder ungewollte Konkurrenz durch Mitarbeiter führt zu der berechtigten oder unberechtigten Angst, den Arbeitsplatz verlieren zu können; diese Angst wird noch verstärkt, wenn das Vertrauen zu den Vorgesetzten erschüttert ist **3 FAIRE UND SICHERE ARBEITSPLÄTZE – STEIGERUNG DER MOTIVATION** **PRO** - angestellte Mitarbeiter befinden sich immer in einem Abhängigkeitsverhältnis, wird ihre Arbeit aufrichtig respektiert, kann diese für sie nachteilige Situation ausgeglichen werden und sie fühlen sich an ihrem Arbeitsplatz wohler - Fairness als gerechte Honorierung der geleisteten Arbeit berechtigt den Arbeitnehmer zu der Hoffnung, für noch mehr Arbeit entsprechend honoriert zu werden oder im Unternehmen aufzusteigen **CONTRA** - das Gefühl, für einen anderen zu arbeiten, ist nie befriedigend, niemand kann eine Identifikation mit dem Unternehmen und Steigerung der Produktivität für etwas erwarten, was ohnehin selbstverständlich ist, nämlich den Respekt vor der Arbeit der Angestellten - die faire Bezahlung ist ein Ideal, man kann allenfalls zwischen schlecht und gut bezahlten Arbeitsplätzen unterscheiden, zumal es schwierig sein dürfte, sich auf bestimmte gerechte Bewertungskriterien zu einigen
Berufsberatung/ Berufswahl	**1 „VON INFORMATIONEN ÜBERROLLT"** **PRO** - man kann etwas über bisher unbekannte Berufe erfahren - Ausgangspunkt für weitere Informationen - Links helfen denjenigen, die bereits ungefähr wissen, was sie wollen **CONTRA** - die Masse ungeordneter Informationen hilft nicht bei genereller Orientierungslosigkeit - wenig plastische schriftliche Beschreibungen eines Berufes oder Berufsbildes - persönliche Berichte von Berufstätigen sind zu subjektiv, vermitteln keinen objektiven Eindruck **2. PROFESSIONELLE STAATLICHE BERUFSBERATUNG** **PRO** - geschulte Psychologen bzw. Mitarbeiter gehen auf die individuelle Persönlichkeit des Ratsuchenden ein und schlagen daraufhin Berufe vor

	- systematischer Ansatz durch Tests, systematischer Überblick vor allem über die Ausbildungsberufe - der Ratsuchende erfährt etwas über sich selbst und über seine verborgenen Wünsche und Talente - ihn beraten neutrale Dritte, losgelöst von den Vorstellungen und Wünschen des Elternhauses **CONTRA** - es mangelt an Praxisorientierung - Berufsberater können über vorgeschlagene Studiengänge und Berufsausbildungen keine repräsentativen Auskünfte geben - die Beratung ist eher anonym, wenig praxisnah; der Ratsuchende muss sich selber Einblicke in die Praxis verschaffen **3. SCHULSYSTEM** **PRO** - Praktika gewähren Einblick in das wirkliche Studien- und Arbeitsleben, geschulte Referenten geben zweckorientierte Informationen weiter - Praktika sind nützlich, sofern die Schule mit einem erfahrenen Träger wie zum Beispiel dem Arbeitsamt zusammenarbeitet **CONTRA** - Praktika vermitteln nur oberflächliche Eindrücke - Gefahr des bloßen Geschichtenerzählens durch Referenten; den Lehrern selbst mangelt es an der Befähigung, Berufsberatungskurse durchzuführen
Bilder	**1 BILDER BESTIMMEN UNSER DENKEN** **PRO** - Katastrophen werden auf der ganzen Welt live verfolgt, sie können nicht mehr vertuscht werden - die Flut authentischer Bilder muss von uns verarbeitet werden und verlangt von uns eine Stellungnahme **CONTRA** - auch Bilder sind auslegungs- und kommentarbedürftig, manchmal wissen wir gar nicht, was wir sehen und interpretieren es falsch - vielleicht kann nicht das Bild selbst, dessen Auslegung kann aber mit Sicherheit manipuliert werden, wir sind Augenzeugen, aber unsere Auffassungen stehen deshalb nicht auf einem festern Fundament **2. BILDERVERBOTE** **PRO** - Bilder sind oft Vorreiter der Moderne, ihre Produktion ist unkontrollierbar, sie besitzen Suggestivkraft und sie decken auf - es liegt im Interesse von Diktaturen, dogmatischen Ideologien wie auch von Religionen, Bilder zu verbieten, die deren Propaganda und Werten entgegenstehen und Zweifel aufkommen lassen; darum sind Bilder wichtig **CONTRA** - oft gebietet es der Schutz schwächerer Gesellschaftsgruppen oder die Moral, bestimmte Bilder nicht zu zeigen (z.B. Kinderpornographie) **3 BILDERFLUT MACHT UNS ZU ANALPHABETEN UND MINDERT SPRACHKOMPETENZ** **PRO** - der Mensch verarbeitet Bilder viel schneller und einfacher als das geschriebene Wort - Lesen ist ihm zu anstrengend, er wendet sich dem vermeintlich einfach zu verstehenden Bild zu und seine Sprach- und Lesekompetenz verschlechtert sich **CONTRA** - mangelnde Lesekompetenz geht nicht auf die Bilder zurück, sondern auf Schwierigkeiten beim Lesenlernen - Bild- und Sprachkompetenz haben nichts miteinander zu tun, im Gegenteil, um Bilder richtig interpretieren zu können, bedarf es einer erhöhten Sprachkompetenz, Bilder können ohne Worte nicht beschrieben werden
Datenschutz und Datensicherung	**1 SOZIALE NETZWERKE GEGENÜBER ZENSUS** **PRO** - wir geben unsere Daten preis, weil wir uns irgendeinen Nutzen davon versprechen, d.h. wir selbst sind motiviert und werden nicht dazu gezwungen - wir wollen Datenschutz, auch wenn wir unsere Angaben freiwillig machen **CONTRA** - wir geben persönliche Daten leichtfertig weiter und übersehen die Dimension und Dynamik von Netzwerken (z.B. sog. Facebook-Partys, Beleidigungen, Verleumdungen)

	- wir erinnern uns erst an den Datenschutz, wenn es zu spät ist und wir irgendeinen Schaden erlitten haben **2. DER GLÄSERNE MENSCH** **PRO** - die Digitalisierung unseres Lebens vereinfacht den Alltag enorm - es ist unwahrscheinlich, dass alle unsere elektronischen Spuren tatsächlich zentral koordiniert und gesammelt werden **CONTRA** - mit jeder Nutzung eines Dienstleisters hinterlassen wir elektronische Spuren, die für einen bestimmten Zeitraum gespeichert werden - es besteht seitens privater Interessengruppen (Arbeitgeber, Versicherungen) sowie seitens staatlicher Behörden (Verbrechensaufklärung, Finanzbehörden) ein starkes Interesse am Zugriff auf diese Daten **3. DATENSCHUTZ GLEICH TÄTERSCHUTZ** **PRO** - Kriminelle sind ihren Verfolgern technisch immer einen Schritt voraus, Datenschutz behindert eine effektive Verbrechensaufklärung - bessere Verbrechensaufklärung und Verhütung bedeuten Sicherheit im Alltag **CONTRA** - die Verbrechensaufklärung sollte sich auf Straftaten konzentrieren, die den Menschen im Alltag wirklich zu schaffen machen; hierzu bedarf es keiner drastischen Minderung von Standards des Datenschutzes, Ziel ist in Wirklichkeit die bestmögliche Überwachung der Bürger, der gläserne Mensch - Steigerung der Lebensqualität durch mehr Kontrolle ist nicht möglich, wenn zugleich die Freiheit des Individuums, seine engste Persönlichkeitssphäre beobachtet werden - je mehr Datensammlungen es gibt, desto größer ist die Gefahr des Datenverlusts und Datenmissbrauchs - die Vorratsdatenspeicherung verändert das Lebensgefühl des Einzelnen, er fühlt sich beobachtet, verliert das Vertrauen in Institutionen
Energie und Umwelt	**1 DIE ATOMKRAFT HAT AUSGEDIENT** **PRO** - die Schäden für die Umwelt und die Folgekosten für die Wirtschaft nach Nuklearkatastrophen sind immens - Dauerproblem Endlagerung des Atommülls, ohne künftige Generationen zu gefährden - das kleinste Restrisiko ist noch zu hoch, Unfallfolgen wirken über Generationen fort **CONTRA** - Umstieg auf andere Energiequellen ist so schnell nicht zu machen - das Gefahrenpotential der Kernenergie ist kalkulierbar, es lässt sich durch technische Kontrollen mindern **2. STROM AUS ERNEUERBAREN ENERGIEQUELLEN ZU TEUER** **PRO** - erneuerbare Energiequellen stellen keine stabile Energieversorgung sicher - Strom aus regenerativen Energiequellen ist sehr teuer, da viele Produktionsanlagen erst noch errichtet werden müssen **CONTRA** - die Kostenkalkulation ist falsch, da sie nur kurzfristig angelegt ist - fossile Energiequellen und Kernenergie führen langfristig zu Ausgaben im Bereich des Klimaschutzes und der Gesundheit, die in das Kostenmodell mit einbezogen werden müssen **3 SPAREN - DIE BESTE ENERGIEQUELLE** **PRO** - Energiesparen bedeutet keinen Verzicht auf Lebensqualität, sondern erfordert nur Umsicht - Voraussetzungen sind Verbraucherinformation und eine höhere Energieeffizienz von Wohngebäuden und Haushaltsgeräten **CONTRA** - vor allem die privaten Haushalte werden mit den notwendigen Investitionen für das Energiesparen belastet - finanziell schwächere Gesellschaftsgruppen wie auch die überschuldete öffentliche Hand schrecken davor zurück, in Energie sparende Technik zu investieren
Ernährung/ Ernährungsgewohnheiten	**1 SCHLECHTE ERNÄHRUNGSGEWOHNHEITEN** **PRO** - man sieht viele übergewichtige Menschen - das Überangebot in den Supermärkten entspricht dem übermäßigen Konsum von Lebensmitteln

	CONTRA - jeder Mensch besitzt ein Recht darauf zu essen und zu genießen, was er will **2 VERWIRRENDE ERNÄHRUNGSTIPPS** **PRO** - zum Glück wird über das Thema Ernährung diskutiert - es ist nicht schwierig, substantiell wichtige Informationen aus der Flut von Hinweisen und Anregungen herauszufiltern und seine Essgewohnheiten darauf auszurichten **CONTRA** - zu viele und sich oft sogar widersprechende Ratschläge - es entsteht der Eindruck, dass hinter den Informationen die Interessen der Lebensmittelindustrie und des Lebensmittelhandels sowie anderer wirtschaftlich involvierter Gruppen stehen **3 KINDER UND JUGENDLICHE MIT ESSSTÖRUNGEN** **PRO** - die Erwachsenen besitzen zum Essen kein ausgeglichenes Verhältnis, Kinder und Jugendliche tun es ihnen nach - Eltern verhalten sich gleichgültig, was Ernährungsfragen betrifft **CONTRA** - Warnungen vor ungesunder Ernährung und vor Essstörungen dienen nur dazu, einen gesunden und leistungsstarken Arbeitnehmer zu erhalten - die Propaganda rund um die Ernährung dient Wirtschaftsinteressen und nicht dem Wohlbefinden des Einzelnen
Erziehung/ Erziehungsmethoden	**1. KREATIVITÄT** **PRO** - Kinder schaffen sich die Dinge selber neu, Förderung des selbstständigen Denkens, der Innovativität, der Eigenständigkeit - Kinder, deren Kreativität früh gefördert wurde, sind flexibler und kommen schneller zu Problemlösungen **CONTRA** - individuelle Kreativität darf nicht überbetont werden, da Fähigkeiten wie die der sozialen Eingliederung und Anpassung in den gesellschaftlichen Kontext genauso wichtig sind - es bedarf ebenso einer Erziehung zur Selbstdisziplin **2. STRENGE, DISZIPLIN, STRAFE SIND ABZULEHNEN** **PRO** - auf zuviel Strenge, Disziplin und Strafe reagieren viele Kinder mit Aggression gegen andere oder sich selbst - andere leben mit ständigen Schuldgefühlen, den an sie gestellten Anforderungen nicht nachkommen zu können **CONTRA** - Disziplin und Strafe dürfen nicht von vornherein als autoritär diffamiert werden - auch die Gesellschaft bestraft ihre erwachsenen Mitglieder, wenn sie Regeln verletzen - ein sensibles Thema, es muss ein Mittelweg gefunden werden **3. DEMOKRATISCHER ERZIEHUNGSSTIL** **PRO** - es ist für Kinder eine positive Erfahrung, Gehör zu finden und ihre eigenen Entscheidungen durchsetzen zu können - sie wachsen auf diese Weise zu selbstbewussten Persönlichkeiten heran **CONTRA** - es ist falsch, Kindern nur Rechte einzuräumen - Demokratie bedeutet auch Pflichten zu übernehmen; die einseitige Einräumung von Rechten bedeutet eine Erziehung zum Egoismus - es ist unrealistisch, Kinder in der Familie immer mitentscheiden zu lassen, da sie nicht in demselben Maße Verantwortung tragen wie die Eltern
Globalisierung	**1 FREIER MARKT UND GLOBALISIERUNG** **PRO** - der freie Markt ohne Beschränkungen bietet jedem Wettbewerber global die Möglichkeit, an ihm teilzunehmen und sich zu entwickeln - er reguliert sich von selber durch Angebot und Nachfrage, jeder Anbieter kann sich für sein Produkt weltweit Märkte erschließen **CONTRA** - die ausgleichende und gerechte Funktion des freien Marktes ist eine Illusion, da bereits zwischen den einzelnen Ländern erhebliche Unterschiede bestehen, was das Lohnniveau und die Kaufkraft betrifft - de facto kommt es zu einer Machtkonzentration weniger internationaler Konzerne, welche die Produktion und einen großen Teil des weltweiten Kapitals verwalten

	2 INTERNATIONALE KOOPERATION UND ARMUTSBEKÄMPFUNG **PRO** - Globalisierung führt durch kostengünstig fabrizierte Produkte nicht nur zu Wohlstand, sondern auch zu Armut: Billiglohnländer, Druck auf das Lohnniveau, Arbeitslosigkeit - Kaufkraft geht zurück, Produkte können nicht abgesetzt werden, die Gewinne gehen zurück - dauerhafter Wohlstand für alle kann daher nur dann gewährleistet werden, wenn die Armut bekämpft wird - ohne langfristige Kooperation zwischen jedem einzelnen Mitglied einer Gesellschaft und Trägern der Wirtschaft ist dies nicht zu erreichen **CONTRA** - Wirtschaft ist an Gewinn und Besitz interessiert, der freie Fluss der Geldströme ermöglicht eine ständige Ausnutzung von Kursgewinnen oder Währungsschwankungen durch Investoren - arme Staaten müssen sich selber helfen oder sie müssen sich damit abfinden, stets auf der Seite der Verlierer zu sein **3 UNGEZÜGELTER KAPITALISMUS RICHTET MASSIVEN SCHADEN AN** **PRO** - Ressourcen werden nicht geschont, sondern massiv für kurzfristige Gewinnziele verbraucht (Beispiel: Überfischung) - dies führt zu Armut in den betroffenen Gebieten, Migrationsströmen und Gewinnverlusten bei den Unternehmen, welche die Ressourcen in kürzester Zeit aufbrauchen, um Verbraucher mit billigen Produkten zu beliefern **CONTRA** - es ist nicht der Kapitalismus, der den Schaden anrichtet, sondern die Vorrangstellung des ungehemmten Wirtschaftens gegenüber der Nachhaltigkeit - Ressourcen schonendes (nachhaltiges) Wirtschaften ist teuer, es mindert die Konkurrenzfähigkeit gegenüber Wirtschaftssystemen, die ökologische und ethische Werte sowie den Gedanken des langfristigen Wirtschaftens nicht berücksichtigen
Höflichkeit/ Umgangsformen	**1. HÖFLICHKEIT MACHT DEN UMGANG MIT ANDEREN MENSCHEN ANGENEHMER** **PRO** - Umgangsformen sind standardisierte Normen, die in jeder Gesellschaft unterschiedlich sind, die aber demselben Zweck dienen - durch sie hat eine Gesellschaft festgelegt, wie und wem gegenüber man im zwischenmenschlichen Miteinander seinen Respekt ausdrückt **CONTRA** - standardisierte Umgangsformen und die darin zum Ausdruck kommenden Werte sind nicht mehr zeitgemäß - an die Stelle der steifen Höflichkeit sollten aufrichtige Freundlichkeit und Offenheit treten und Respekt gegenüber denen, die ihn wirklich verdienen **2 HÖFLICHKEIT ALS TAKTIK** **PRO** - das Kalkül ist, anderen gegenüber höflich zu sein, damit man bekommt, was man will, dies gilt im Geschäftsleben genauso wie im privaten Bereich - das Moment der sozialen Ausgrenzung und der Arroganz des anmaßend Höflichen, wenn er sich einem anderen gegenüber unhöflich, respektlos oder schadenstiftend benimmt, sich dann aber über die vermeintlich unhöfliche Reaktion des anderen aufregt, die seinem Standard angeblich nicht entspricht **CONTRA** - der Mensch will immer seine Interessen durchsetzen, indem er höflich ist, tut er dies auf eine angenehmere Weise - der Sinn der Höflichkeit wird aus purem Egoismus verdreht; kein Problem der Umgangsformen an sich, sondern ein persönliches Problem dieser Menschen, die eigene Fehler nicht einsehen können und Spaß an der Demütigung anderer haben, denen sie zum Schaden auch noch den Spott hinzufügen **3 HÖFLICHKEIT AM ARBEITSPLATZ** **PRO** - gutes Benehmen fördert ein gutes Betriebsklima und die Motivation eines jeden Arbeitnehmers - unhöfliche Mitarbeiter vergraulen Kunden, die sich schlecht behandelt fühlen **CONTRA** - zuviel Höflichkeit am falschen Ort kann auch Schaden anrichten, wenn zum Beispiel die höfliche Zurückhaltung als Unentschlossenheit und mangelndes Durchsetzungsvermögen ausgelegt wird - man muss sich auch im Beruf ein Stück Authentizität leisten können, denn zuviel Anpassung macht auf die Dauer krank und am Ende wird man weder von Kollegen noch von Vorgesetzten wahrgenommen

Idole/ Vorbilder	**1. IDOLE UND WERTVORSTELLUNGEN** **PRO** - Menschen wählen Idole, die moralische Vorbildfunktion besitzen - gemeinsame Eigenschaften der Idole: sie haben etwas riskiert, sie haben Bedenken zurückgestellt, um Ungerechtigkeiten entgegenzuwirken oder um für eine bessere Gesellschaft zu kämpfen **CONTRA** - die genannten Persönlichkeiten haben mit unserem Leben wenig zu tun, sie sind zur Nachahmung ungeeignet - man bewundert sie eher, auch wenn sie uns vielleicht inspirieren; geeignetere Vorbilder sind die Alltagshelden aus unserem Lebensumfeld **2. VORBILDER HABEN SCHWÄCHEN** **PRO** - das Vorbildhafte überwiegt gegenüber einem eventuellen Fehlverhalten, vielleicht resultiert es auch aus der Einsicht in die eigenen Fehler - unvollkommene Menschen stehen uns näher als vermeintlich vollkommene **CONTRA** - viele Vorbilder werden bewusst als solche propagiert, sie repräsentieren bestimmte Werte, die man aus dem einen oder dem anderen Grund in der Gesellschaft durchsetzen wollte **3. JUNGE MENSCHEN BRAUCHEN IDOLE** **PRO** - Jugendliche passen sich, vor allem äußerlich, ihren Idolen an, so fühlen sie sich leichter akzeptiert - ein Schutz, um von Gleichaltrigen nicht verspottet zu werden; er kann andere Jugendliche finden, die dem gleichen Idol huldigen, fühlt sich einer Gruppe zugehörig **CONTRA** - ein Teenidol ist oft nur ein geschickt konstruiertes Produkt der Massenmedien und des Showbusiness, über Äußerlichkeiten hinaus hat es dem Jugendlichen nichts zu bieten - statt Idole braucht ein Jugendlicher Bezugspersonen, denen er vertrauen kann, oder Menschen aus seinem eigenen Lebensumfeld, die er zu seinen Vorbildern erklärt
Klischees und Vorurteile	**1. VON EINEM REGELWERK UMGEBEN** **PRO** - die Deutschen sind nicht sehr spontan, risikofreudig, flexibel (z.B. sehr niedriger Anteil an Existenzgründungen) - sie sind unsicher; unterdrücken sich selbst durch Regeln, um sich sicher zu fühlen und um ihre Ruhe zu haben (Angst vor dem Scheitern, Selbstzweifel, keine Kultur der Selbstständigkeit) **CONTRA** - diese Aussage bezeugt nur den Neid anderer auf einen gut organisierten Staat - es ist angenehm, wenn in einem Staat alles mehr oder minder gut funktioniert **2. SCHLECHTES VERHALTEN DER TOURISTEN** **PRO** - deutsche Regelstrenge gilt - vermeintlich - nicht im Ausland, der deutsche Tourist gönnt sich eine Auszeit, er tut Dinge, die er zu Hause nie tun würde, verletzt Regeln - „typisch deutsch" sind von außen auferlegte Werte **CONTRA** - nicht jeder deutsche Tourist benimmt sich im Ausland daneben - auffällige deutsche Touristen fallen auch in ihrer Heimat wegen ihres schlechten Verhaltens auf **3. TYPISCH DEUTSCHE WERTE** **PRO** - sie bestehen im Großen und Ganzen - es handelt sich weniger um typisch deutsche Werte, als um bürgerliche Werte, die bewusst gefördert wurden **CONTRA** - sie entspringen keiner bestimmten deutschen Gemütsverfassung, sondern sind das Ergebnis vielschichtiger Prozesse - sie ergeben sich vor allem aus konkreten wirtschaftlichen und historischen Bedürfnissen bzw. aus dem Bedürfnis nach Identifikation und Abgrenzung

Lebensgefühle	**1. GLÜCK IST NICHT SO WICHTIG** **PRO** - Glück ist flüchtig und unvorhersehbar, Zufriedenheit dagegen bis zu einem gewissen Grad steuerbar - Zufriedenheit trägt zu unserer inneren Stabilität bei **CONTRA** - Glück ist ein intensives Lebensgefühl - Glück zu erstreben bedeutet, sich nicht (immer) dem Diktat der Vernunft zu beugen **2. UNSICHERHEIT DOMINIERT** **PRO** - das Gefühl existenzbedrohender Unsicherheit nimmt gerade während persönlicher oder wirtschaftlicher Krisen überhand - sie lähmt uns und greift die Fundamente unseres Lebens an **CONTRA** - Unsicherheit beherrscht im Allgemeinen nicht unser Leben, überdies ist sie ein untrennbarer Bestandteil der menschlichen Existenz - der Durchschnittsmensch ist mit Abwehrmechanismen ausgestattet, um vorübergehende Situationen der Unsicherheit überwinden zu können **3. ZUVERSICHT UND LEBENSZUFRIEDENHEIT** **PRO** - begründete Zuversicht ist ein stabilisierender Faktor im Leben - man muss sich seiner eigenen Stärken bewusst sein, um hoffnungsvoll in die Zukunft blicken zu können **CONTRA** - von außen gesetzte Hindernisse können auch jede noch so berechtigte Hoffnung zunichte machen - es ist viel verlangt, in solch schwierigen Situationen Vertrauen in die eigenen Fähigkeiten aufzubringen, um die gesteckten Ziele zu erreichen
Lesen/ Lesekultur/ Lesegewohnheiten	**1. LESEKULTUR WIRD UMGEWÄLZT** **PRO** - auf einem handlichen Gerät sind zahlreiche Bücher gespeichert, platzsparend und leicht - Lesen kann so überall erfolgen **CONTRA** - das Objekt Buch besitzt einen emotionalen Wert für den Leser - Lesen von E-Books ist anstrengend und ermüdend **2. DIGITALE BÜCHER** **PRO** - digitale Bücher sind für bestimmte Lesergruppen (Studenten, Forscher) ein ideales Arbeitsgerät - Texte in großer Menge, schnell zugänglich, vergriffene Bücher können wieder zur Verfügung stehen **CONTRA** - andere Lesergruppen wollen auf das Medium Buch nicht verzichten **3. ÄNDERUNG DER LESE- UND SCHREIBGEWOHNHEITEN** **PRO** - Lesen kann z.B. über die Verbindung zum Internet zu einem interaktiven Erlebnis werden, der Leser kann auch auf die Handlung einwirken - Lesen wird abwechslungsreicher, Schreiben dafür komplizierter - vor allem junge Leser können zurückgewonnen werden **CONTRA** - konzentriertes Lesen ist so nicht mehr möglich, der Leser reflektiert nicht mehr das Gelesene, Lesen wird zum Spiel - interaktives Lesen spricht konservative Lesergruppen nicht an **AUSSERDEM:** - die Zeit der Leser wird durch immer mehr Medien beansprucht, dadurch sind die Leser ungeduldiger, hektischer und zerstreuter geworden - ergebnisorientiertes statt erlebnisorientiertes Lesen - niemand liest den ganzen Text, man filtert ihn auf brauchbare Informationen hin durch - Leser sind von den neuen Medien aber auch begeistert, sie passen sich an und entwickeln neue Lese- und Arbeitsmethoden - ein Student kann heute gewaltige Daten- und Informationsmassen verarbeiten - wichtig ist: das Medium Schrift ist der wichtigste Träger von Informationen, auch für die Benutzung des Internets muss man lesen und schreiben können

Reisen und Tourismus	**1 DER SINN DES REISENS** **PRO** - Fernweh ist die Faszination für und das Interesse am Fremden, an das wir trotz mancher Enttäuschungen gerne zurückdenken - Urlauber wollen einen Kontrast zum Gewohnten, und sei es nur das bessere Wetter **CONTRA** - viele fahren weg und bleiben doch zu Hause, weil ihnen das Fremde Angst macht - sie wünschen sich am Urlaubsort möglichst viele Elemente ihres gewohnten Alltagslebens in der Heimat **2 VERREISEN, UM WIEDER ZURÜCKZUKOMMEN** **PRO** - Urlaub kann auch zum Alltag werden, Alltag in einem Provisorium, denn auch das beste Hotel ist nicht unser Zuhause - man begreift, was man vermisst und kehrt mit der Erwartung wieder heim, etwas vom fernen Ort mitgebracht zu haben **CONTRA** - je mehr der Urlaubsort unseren geheimen Sehnsüchten entspricht, desto weniger möchten wir von ihm wieder aufbrechen - wir haben nichts gegen Routine, doch wir möchten sie unter für uns angenehmeren Umständen erleben (Rentner, die ihren Ruhestand im Ausland verbringen) **3 TOURISMUS WEICHT NATIONALE IDENTITÄTEN AUF** **PRO** - Tourismus ist ein globales Geschäft geworden; Anbieter denken sich alles Mögliche aus, um Kunden anzulocken - sie verlassen sich nicht mehr auf das Lokalkolorit und die örtlichen Sehenswürdigkeiten, sondern investieren in Infrastrukturen bis hin zum ausgefallenen Tourismusparadies **CONTRA** - Tourismus ist ein Geschäft, der Zielort passt sich den Wünschen seiner Kunden an - durch den Kontakt mit dem Fremden haben sich Gewohnheiten schon immer geändert, seit Menschen aus irgendeinem Grund massenhafte Ortsveränderungen vorgenommen haben
Schule und Universität	**1. STÄRKEN FÖRDERN** **PRO** - Entwicklung bereits vorhandener Stärken durch differenzierten Unterricht fördert die Kinder optimal, sie nutzt die Bildungsressourcen der kommenden Generation - Förderung der Selbstständigkeit und der Begabung, indem der Normunterricht aufgegeben wird (z.B. Aufgabenzettel mit verschiedenen Schwierigkeitsgraden) und die Kinder ihren Lernerfolg selbst kontrollieren **CONTRA** - ein solches Modell ist zu aufwendig und zu teuer, es stellt auch an die Kinder zu hohe Anforderungen - viele Eltern stellen an ihre Kinder keine hohen Bildungserwartungen, sie sind nicht bildungsmotiviert und geben dieses Gefühl auch an ihre Kinder weiter - man kann diese Eltern nicht zu einem Umdenken in Richtung individuelle Begabungsförderung zwingen **2 DAS STUDIUM IST ZU VERSCHULT** **PRO** - Studienpläne sind mit Pflichtfächern überfrachtet, individuelle Forschungsinteressen gehen unter, weil ein bestimmter Notenschnitt nicht erreicht wurde - Studiengänge bieten zu wenig spezifizierte Wahlmodule an - der Zwang, an bestimmten Lehrveranstaltungen teilnehmen zu müssen, während den eigenen Interessen entsprechende Lehrveranstaltungen zu kurz kommen, demotiviert **CONTRA** - von den Studierenden muss ein Grundwissen verlangt werden, was nur durch einen einheitlichen Studienplan möglich ist - es ist unmöglich, in einer anonymen Masseninstitution wie der Universität auf individuelle Forschungsvorlieben einzugehen, diesen kann ja im Anschluss an das absolvierte Studium nachgegangen werden **3. SCHULE UND STUDIUM BRAUCHEN PRAXISNÄHE** **PRO** - Schüler und Studenten lernen nicht nur durch Theorie, sondern auch durch Erleben, in der Schule könnte man zum Beispiel Übungsbüros oder die Redaktion einer Schülerzeitung mit echten Firmenstrukturen, echtem Geld und echter Verantwortung einrichten - Einbindung von Partnerunternehmen, um Praktika und Berufserfahrung anzubieten, Studentenfirmen im Rahmen eines Funpreneur - Wettbewerbs

	CONTRA - anspruchsvolle Berufe setzen eine bestimmte Menge an theoretischem Vorwissen voraus, Aufgabe der Universitäten ist es, diese Wissensmenge zu vermitteln - alle anderen Versuche, Studium und Praxis zu verbinden, wie etwa im dualen Studium, vernachlässigen diesen Aspekt zu sehr - die Schulzeit sollte eine Zeit der Kindheit sein, es ist falsch, wenn Kinder hier irgendwelche Schein-Verantwortungen übernehmen; wenn sie dies wollen, dann nur auf freiwilliger Ebene
Sport	**1. WERTE IM SCHULSPORT** **PRO** - Werte, die zu Gesundheit und sozialem Verhalten erziehen, müssen im Sportunterricht im Vordergrund stehen - Leistungsförderung und Lernbereitschaft durch individuelle Beurteilung der Schüler **CONTRA** - Notenvergabe im Schulsport beruht auf messbaren Leistungen, ideelle Werte und Ziele finden keine Berücksichtigung - der an Leistung orientierte Sportunterricht verdirbt vielen Kindern den Spaß an Sport und Bewegung, Sportunterricht wird zum Problemunterricht **2. SPORT UND WIRTSCHAFT** **PRO** - ein Beispiel für eine gelungene Zusammenarbeit von Sport und Wirtschaft: Sportler werben für gesunde Produkte - Sport zu treiben ist auch ein gesellschaftlich wünschenswertes Ziel: viele Anbieter im Bereich Freizeitsport bedeuten zugleich viele Arbeitsplätze **CONTRA** - Sport und Kommerz bei sportlichen Großveranstaltungen sind keine förderliche Verbindung: in erster Linie verdienen die Sponsoren, Mannschaften werden zusammengekauft, Doping als Wirtschaftsfaktor - „Heldenverehrung“ bekannter Sportler steht dem Teamgeist entgegen **3. FREIZEITSPORT** **PRO** - Sport in der Freizeit bedeutet Lebenslust, Lebensfreude, Lebensqualität - gerade im städtischen Raum erhöht der aktive Freizeitsport das individuelle Wohlbefinden **CONTRA** - Sportkonsum, passive Beschäftigung mit dem Sport verkürzt die knapp bemessene Freizeit noch mehr - Zuschauersportarten werden durch wirtschaftliche Interessen stark gefördert und halten von aktiver Betätigung ab
Sprache/ Sprache und Integration	**1 SPRACHKENNTNISSE UND LOYALITÄT ZUM GASTLAND** **PRO** - Loyalität entsteht nicht notwendig durch den Kontakt zu den Einheimischen, sie kann auf zahlreichen anderen Faktoren beruhen (politisch, historisch) - auf individueller Ebene hängt sie davon ab, wie wohl sich eine Person im Gastland fühlt (Sicherheit, Arbeit usw.) **CONTRA** - Loyalität und Integration gehen Hand in Hand, Sprachkenntnisse erhöhen die Akzeptanz durch die Einheimischen und damit den individuellen „Wohlfühlindex“ des Ausländers - Loyalität und Forderung nach Sprachkenntnissen haben nichts miteinander zu tun; man kann von Fremden nicht mehr verlangen als eine Anpassung an das Rechts- und Wertesystem; dafür sind Sprachkenntnisse unabdinglich **2 „SPRACHKENNTNISSE ALS NOTWENDIGE VORAUSSETZUNG DER INTEGRATION“** **PRO** - Kommunikation ist ein essentieller Bestandteil des gesellschaftlichen Lebens, vor allen in den Bereichen Arbeit, Schule, Ausbildung, wegen der Migranten in der Regel nach Deutschland kommen - im Gastland wird der Migrant in erhöhtem Maße akzeptiert, wenn er mittels seiner Sprachkenntnisse beweist, dass auch er seine neue Heimat respektiert **CONTRA** - bei Migranten handelt es sich um Arbeitskräfte, die in Deutschland in der Wirtschaft benötigt werden; Integration erfolgt hier über die Leistung, Sprachkenntnisse sind sekundär - der Ausländer wird trotz all seiner Bemühungen immer als Ausländer erkannt; man begegnet ihm mit Misstrauen und Distanz, eine wirkliche Integration über den beruflichen Bereich hinaus findet selten statt

	3 „FÖRDERUNG DER MUTTERSPRACHE DES AUSLÄNDERS" **PRO** - die Migranten von heute sind die Botschafter zwischen zwei Kulturen von morgen, sie müssen ihre Muttersprache beherrschen - eine Sprachförderung, welche die legitimen Interessen des Gastlandes berücksichtigt, steigert die Akzeptanz durch die Migranten und deren Selbstsicherheit **CONTRA** - es muss Migranten selber überlassen bleiben, ihre Muttersprache zu erlernen; sie können nicht auch noch erwarten, dass das Gastland Räumlichkeiten oder gar finanzielle Mittel hierfür zur Verfügung stellt - die Förderung der Muttersprache des Ausländers führt zur Ghettobildung
Technischer Fortschritt	**1. KEINE ZEIT ZUR ANPASSUNG** **PRO** - Wirtschaft: die Industrie muss sich immer schneller an neue Technologien anpassen, dies bedeutet einen hohen Bedarf an Investitionen, besonders kleine und mittelständische Betriebe können sich das nicht leisten - Private Verbraucher sehen sich unter Druck gesetzt, die technische Ausstattung ihres Wohnumfeldes immer wieder anzupassen **CONTRA** - Wirtschaft: flexibel reagieren, kleinere Unternehmen könnten zusammenarbeiten und sich Investitionen teilen - Private Verbraucher: gelassen bleiben, es ist nicht nötig, dass sich die privaten Haushalte immer auf dem neuesten Stand der Technik befinden **2. VERLUST KOMMUNIKATIVER UND SOZIALER FÄHIGKEITEN** **PRO** - Kinder verbringen vermehrt ihre Zeit damit, auf einen Bildschirm zu starren, um zu spielen oder um sich mit anderen auszutauschen - ihr Lebensumfeld und ihr organisierter Tagesablauf sind nicht dafür geignet, sich im spontanen Spiel mit anderen Kindern und durch direkten Kontakt zu entwickeln **CONTRA** - der richtige Umgang mit Technik ist eine Erziehungsaufgabe und auch eine Frage der Bildung - niemand kann ernsthaft glauben, die neuen Technologien aus dem Kinderzimmer fernhalten zu können **3. GESELLSCHAFTLICHER UND TECHNISCHER FORTSCHRITT** **PRO** - technischer Fortschritt macht unser Leben angenehmer (z.B. Erfindung der Dampfmaschine) und gesünder (technischer Fortschritt in der Medizin) - vor allem die Jugend sieht technischen Fortschritt optimistisch und verbindet damit Zukunftsperspektiven für sich selbst **CONTRA** - global gesehen nützt der technische Fortschritt weniger als einem Fünftel der Menschheit - in den entwickelten Ländern altert die Bevölkerung, alternde Gesellschaften glauben nicht mehr an den Fortschritt und fürchten sich vor den Risiken technischer Innovationen, sie möchten bewahren, was sie geschaffen haben
Übersinnliches und Vernunft	**1 DER MENSCH VERDRÄNGT DAS UNERKLÄRLICHE** **PRO** - in jedem Leben geschehen Dinge, die für uns unbegreiflich sind, sich unserem Verständnis entziehen, oft handelt es sich zugleich um traumatische Erlebnisse - generell ist die Bereitschaft, Unerklärliches hinzunehmen, gering, für alles muss eine logische Erklärung gefunden werden **CONTRA** - es geht nicht darum, dass die Menschen Unerklärliches nicht ertragen können, sondern sie glauben einfach daran, dass es für alles auf der Welt eine nachvollziehbare Erklärung gibt - dies schließt nicht aus, dass der Mensch im Moment nicht dazu imstande ist, diese Erklärung auch zu finden **2 DER GLAUBE AN DAS UNERKLÄRLICHE** **PRO** - der Mensch ist ein vernunftbegabtes Wesen, aber er hat auch irrationale Bedürfnisse - die Welt ist nur schwer überschaubar, der Wunsch nach Gewissheit durch irrationale Praktiken oder Auslegungen ist für manche ein Ausweg **CONTRA** - Ausnutzung der Leichtgläubigen durch Scharlatane - kommerzielle Ausnutzung der Unsicherheit

	3 VERNUNFT ALS MITTEL DER ERKENNTNIS **PRO** - Vernunft ist die Fähigkeit, von Beobachtungen und Erfahrungen auf größere Zusammenhänge zu schließen - Vernunft und Verstand wirken sowohl im persönlichen Leben als auch bei jeder anderen Form der Erkenntnisgewinnung (z.B. Wissenschaft) **CONTRA** - es gibt viele Wege, um zu einer Erkenntnis zu kommen, z.B. unreflektierte Erfahrungen, Gefühle wie die Liebe oder die Intuition (Eingebung), Einfühlungsvermögen und die sog. Geistesblitze - die Frage ist, ob wir überhaupt zu einer Erkenntnis kommen wollen
Vorurteile	- Entstehung aus überlieferten Vorstellungen, die sich selbst überlebt haben, die sich als uneffizient für neue Lebenslagen erweisen - das Vorurteil ist nur vermeintlich ein Urteil, ihm liegt keine bewusste Abwägung zwischen mehreren Möglichkeiten zugrunde, es verstellt uns den Zugang zu einem richtigen Urteil - zu einem Urteil zu gelangen ist ein anstrengender Prozess, der Mut erfordert, denn es besteht die Möglichkeit des Irrtums - es ist vor allem eine soziale Erscheinung, die vorgibt, wie ein Mitglied einer bestimmten Gruppe zu denken und zu handeln hat - Vorurteil und Unbelehrbarkeit gehen einher, der Mensch entzieht sich aus bestimmten Gründen einer besseren Einsicht - er fühlt sich bedroht, einer neuen Situation nicht gewachsen, er besitzt nicht den Mut, sich anzupassen, sondern beharrt auf dem Alten - Vorurteile nehmen dem Leben das Lebendige
Werbung/ Werbemethoden	**1 WERBUNG ALS FORM DER KOMMUNIKATION** **PRO** - Werbung bringt Produzent und Verbraucher mit einem Produkt in Kontakt - sie informiert und macht das Produkt bekannt, weckt die Neugier **CONTRA** - Werbung ist völlig einseitige Kommunikation mit dem Konsumenten, der Verbraucher ist ihr ausgesetzt - der Informationswert ist in der Regel gering **2 WERBEBOTSCHAFTEN IM KINDERPROGRAMM** **PRO** - es ist legitim, Kinder als Konsumenten anzusprechen, da sie über ein hohes Kaufpotential verfügen - Kinder sind der Werbung nicht hilflos ausgesetzt, da ihre Eltern bei Kaufentscheidungen mitwirken **CONTRA** - gerade kleinen Kindern mangelt es an jeder Urteilsfähigkeit, Werbung lässt schnelllebige Wünsche entstehen, damit eine möglichst große Menge oft wertloser Produkte verkauft wird - Eltern sind mit der Werbeflut und mit dem Druck, den die Kinder auf sie ausüben, überfordert **3 WERBUNG ZIELT AUF DIE EMOTIONEN DER VERBRAUCHER AB** **PRO** - Kaufentscheidungen sind ohnehin emotional geprägt, der Konsument erwartet die Befriedigung emotionaler Bedürfnisse durch das Produkt - Werbung macht Emotionen und unbewusste Motivationen lediglich sichtbar, die beim Verbraucher bereits vorhanden sind; dies ist legitim **CONTRA** - Werbung suggeriert die vermeintliche Notwenigkeit von Produkten, die am Ende für den Verbraucher nicht nur vollkommen überflüssig, sondern sogar schädlich sein können (Zigaretten, Alkohol, Kreditkarten etc.) - die übermäßige Hervorhebung der Gefühle oder die Schaffung eines bestimmten Images durch den Erwerb eines bestimmten Produkts beeinflusst das Unterbewusstsein und zielt darauf ab, das rationale Urteilsvermögen auszuschalten

Lösungen

II. Die Qual der Wahl:
Bespiel 1 (Seiten 6 f.):
1) Moderne Werbemethoden: 1. Werbung als Kommunikation zwischen Hersteller und Verbraucher – 2. Werbung für Kinder im Fernsehen – 3. Werbung spricht die Emotionen des Verbrauchers an
Beispiel 2 (Seiten 8f.)
1) Helfen Sprachkenntnisse bei der Integration von Ausländern: 1. Die Sprache des Gastlandes zu kennen bedeutet nicht, dass der Ausländer sich diesem gegenüber auch loyal verhält – 2. ohne die Sprache des Gastlandes zu kennen, ist Integration fast unmöglich – 3. die Muttersprache der Ausländer muss gefördert werden, um dessen kulturelle Identität und die kulturelle Vielfalt allgemein zu fördern

III. Der Textaufbau
Übung 1 (Seite 10f.): Version A: A) 1) C 2) B, F, A, nach persönlicher Gewichtung, Textstücke führen auf die Meinung des Verfassers hin, E 3) D , **(Seite 13 f.): Version B**: A) 1) F 2) A, D, B, nach der Nähe zum Hauptthema, E 3) C
Übung 2 (Seite 16f.)
- ... angesprochenen Gesichtspunkte äußern.
- Was unser Verhältnis ... - ... Fleischportion mit Sauce.
- Allein wenn wir ... - ... was ihm Spaß macht.
- Hinzu kommt dann noch ... - ... geschrieben wird.
- Letztlich ist es ... - ... mit freundlichen Grüßen.

IV. Die Textkohärenz
1. Konjunktionaladverbien
Übung 1 (Seite 18 f.): 1. ebenso 2. außerdem/ ferner 3. gleichfalls 4. zudem/ zusätzlich 5. darüber hinaus/ weiterhin 6. auch/ überdies
Übung 2 (Seite 19 f.): 1. allerdings 2. allein 3. wohl/ zwar 4. nur/ indessen 5. insofern 6. hingegen 7. doch/ vielmehr 8. indessen/ jedoch
Übung 3 (Seite 20): 1. andernfalls/ ansonsten 2. gleichwohl 3. immerhin 4. dennoch/ dessen ungeachtet 5. gleichwohl/ allerdings/ nichtsdestotrotz
Übung 4 (Seite 21): 1. folglich/ also 2. somit/ daher 3. nämlich 4. so/ infolgedessen 5. somit/ demnach
Übung 5 (Seite 22 f.): Lösungsvorschlag: 1. darüber hinaus 2. wohl 3. vielmehr 4. so 5. sondern 6. überdies 7. zudem 8. ferner 9. zwar 10. aber 11. gleichwohl 12. also 13. zwar 14. jedoch 15. nichtsdestotrotz 16. somit 17. dessen ungeachtet

2. Nebensätze und Nominalisierung
Übung 1
Inputtext 1 (Seite 25 f.):
1. Das Argument lautet, **dass** man weitaus mehr Bücher in digitaler Form bequem stets bei sich haben könne, **während/ wohingegen** man schwerlich eine große Menge Bücher in ihrer herkömmlichen Form mit sich herumtragen könne.
2. Dabei wird aber vergessen, **welchen/ was für einen** emotionalen Wert das Objekt Buch für den Leser besitzt.
3. **Statt dass** es seinem Benutzer nur Textinhalte vermittelt, bietet es ein weit umfassenderes sinnliches Erlebnis.
4. Man erfreut sich an einer schönen Umschlaggestaltung, stöbert im Klappentext, saugt seinen Geruch ein, **nachdem** man es beim rituellen Gang durch die Buchhandlung für sich erobert und für wert befunden hat.
Inputtext 2 (Seite 26)
1. Anders sieht es mit denjenigen aus, die einen schnellen Zugriff auf eine große Zahl von Büchern haben müssen, **wozu** etwa Studenten oder Arbeitnehmer im Forschungs- und Wissenschaftsbetrieb gehören.
2. Der E-Reader, auch E-Book-Lesegerät genannt, stellt ihnen elektronisch gespeicherte Buchinhalte in großer Menge und mit einfacher Handhabung zur Verfügung, **wodurch/ sodass** ihre Arbeit wesentlich erleichtert wird.
3. E-Books wären hier auch das geeignete Mittel, um der Leserschaft für die Wissenschaft wertvolle, aber vergriffene Werke wieder zugänglich zu machen, **da/ weil** deren Neuauflage als Printmedium zu kostspielig ist.
4. Dies ist vielleicht auch das überzeugendste positive Argument, **wenn** man sich mit der Frage nach zukunftsträchtigen Anwendungsmöglichkeiten von elektronischen Büchern auseinandersetzt, **wobei** man gegenwärtige Lesegewohnheiten zum Maßstab nimmt.
Inputtext 3 (Seite 26 f.)
1. Natürlich kann aber über die Zukunft dieses Mediums nicht spekuliert werden, ohne dass denkbare technologische Entwicklungen berücksichtigt werden, **die/ welche** die genannten Lesegewohnheiten selbst und die Art des Schreibens verändern können.
2. So wird behauptet, dass Lesen zu einem interaktiven Ereignis werde, **bei dem** der Leser durch Abstimmung auf den Fortgang der Handlung einwirken könne.
3. Oder der Lesetext wird über Links mit Aktivitäten, wie zum Beispiel Spiele, mit dem Internet verbunden, **weswegen/ wodurch/ sodass** einerseits der Lesevorgang abwechslungsreicher, andererseits der Schreibvorgang verkompliziert wird.
4. Besonders im Bereich der Kinderliteratur kann ein solch phantasievoller Ansatz dazu führen, verlorene Leser unter Kindern und Jugendlichen zurückzugewinnen und ihnen qualitative Texte zur Verfügung zu stellen, **statt dass** man sie der unkontrollierten Sprachverwendung im Internet überlässt.

Übung 2
Inputtext 1 (Seite 28)
1. Ein Unterschied liegt also, **im Vergleich** zur Erhebung von Daten im Rahmen einer Volkszählung, in der Motivation des Einzelnen.
2. Das heißt aber nicht, dass wir **trotz der freiwilligen Hingabe persönlicher Angaben** auf unseren Schutz vor Datenmissbrauch verzichten wollen.
3. Im Gegenteil, **wegen der großen Zahl vernetzter** Dienste ist der Datenschutz noch wichtiger geworden.
Inputtext 2 (Seite 28)
1. **Zur Anfertigung** eines Profils von jedem Handy-, E-Mail- und Internetnutzer müssen nur die durch diese Geräte hinterlassenen elektronischen Spuren zurückverfolgt werden.
2. **Ohne Zwang** geben wir unsere Privatsphäre und ein Stück unserer Freiheit auf.
3. Vielleicht haben wir **die Bedenklichkeit** dieser Entwicklung noch gar nicht wahrgenommen.
Inputtext 3 (Seite 28 f.)
1. Den Datenschützern wird oft der Vorwurf gemacht, dass sie **durch die Forderung nach** weniger Datenzugriff durch den Staat Straftäter schützen.
2. **Ohne Bestehen von** präventiven Datensammlungen, Lauschangriffen und Rasterfahndungen sei den technisch versierten Kriminellen oder Terroristen nicht beizukommen, lautet das Argument der Datenschutzgegner.
3. Dem ist entgegenzuhalten, dass dem Bürger **statt der Gefahr,** einer schweren Straftat oder einem Terrorakt zum Opfer zu fallen, die alltägliche Kriminalität wie Diebstahl oder Einbruch zu schaffen macht.
4. Man muss sich folglich **nach dem wirklichen Zweck** hinter dem vorgeblichen Ziel der erhöhten Verbrechensaufklärung fragen.

5. Der Schritt vom gläsernen Menschen zum Überwachungsstaat ist **wegen seiner technischen Durchführbarkeit** längst kleiner geworden als man denkt.

3. Auflösung von Relativsätzen, Infinitiv- und Partizipialkonstruktionen

Inputtext 1 (Seite 30)

1. Im Sportunterricht müssen zu Gesundheit und zu sozialem Verhalten erziehende Werte als Konzept im Vordergrund stehen.
2. Er muss das Ziel verfolgen, durch individuelle Beurteilung der Schüler deren Lern- und Leistungsbereitschaft zu fördern.
3. Doch solange im Schulsport nur auf messbaren Leistungen beruhende Noten vergeben werden und damit der Leistungsgedanke im Vordergrund steht, bleiben die ideellen Werte und Ziele des Schulsports auf der Strecke.
4. Der traditionelle Sportunterricht ist daher für viele Kinder ein Problemunterricht, der ihnen den Spaß an Sport und Bewegung verdirbt.

Inputtext 2 (Seite 30)

1. Sport zu treiben ist in einer Gesellschaft, die im Alltag nicht viel Gelegenheit zu Bewegung bietet, sinnvoll.
2. Daher ist es gut, dass es vielfältige Anbieter im Bereich Freizeitsport gibt, die Arbeitsplätze schaffen und berufliche Perspektiven bieten.
3. Sport und Kommerz bilden indessen bei Zuschauersportarten wie Fußball oder Großereignissen wie der Olympiade eine negative Verbindung, denn hier dominieren wirtschaftliche Interessen, was sich zum Beispiel an zusammengekauften Mannschaften und an auf zweifelhafte Weise errungenen sportlichen Höchstleistungen zeigt.
4. Dazu fördert die Industrie eine Heldenverehrung bekannter Sportler, die die individuelle Leistung einiger Spitzensportler übermäßig hervorhebt und die dem Teamgeist, vor allem bei Mannschaftssportarten, entgegensteht.

Inputtext 3 (Seite 31)

1. Der aktive Freizeitsport bietet uns die im Alltag so oft vermisste Lebensqualität.
2. Gerade in den Städten stellen Angebote zum Freizeitsport einen die Lebensqualität des Einzelnen deutlich erhöhenden Faktor dar.
3. In diese Aufzählung sollte indessen nicht der bloß passive, einerseits Spannung und Entspannung bietende Sportkonsum mit inbegriffen werden, der andererseits aber die knapp bemessene Freizeit oft noch weiter verkürzt.
4. Diese Form der durch starke wirtschaftliche Interessen geförderten Sportbegeisterung, denkt man nur an Sponsoren und den Kampf um Übertragungsrechte im Fernsehen, hält nämlich gerade im Alltag gestresste Berufstätige eher davon ab, selber aktiv zu werden.

3. Zusammenfassende Übungen

Übung 1 (Seite 31 f.)

1. Oftmals schließen sich Datenschutz und Schutz der Bevölkerung vor Verbrechen gar nicht aus, **stattdessen** bedingen sie sich gegenseitig./ **sondern** sie bedingen sich gegenseitig.
2. So dürfte es schwierig sein, z. B. den so genannten Identitätsmissbrauch **zur** Begehung von Straftaten wie einen Betrug oder andere zu verhindern, wenn immer mehr Daten angesammelt werden und **nach ihrem zuvor erfolgten Verlust im Netz** Kriminellen in die Hände fallen.
3. Davon abgesehen nehmen unschuldige Bürger **durch** die ständige Erweiterung der Überwachungsbefugnisse auch dann Schaden, wenn ihre Daten nicht von einem der Datenverluste betroffen sind, **die** momentan allgegenwärtig **sind**. /... wenn ihre Daten nicht von einem **der momentan allgegenwärtigen Datenverluste** betroffen sind.
4. Gerade die Vorratsdatenspeicherung ruft bei vielen Menschen das Gefühl hervor, ständig unter Beobachtung zu stehen, **mithin/ deswegen** verändern sie ihr Verhalten, trauen sich weniger, offen ihre Meinung zu sagen oder verzichten auf die Nutzung bestimmter Kommunikationskanäle.
5. Psychologische Beratungsstellen, Ärzte, Rechtsanwälte und ähnliche Berufsgruppen berichten, **dass** weniger Menschen bei ihnen Hilfe suchen, **weil** sie Angst haben, dass dieser Schritt nicht so vertraulich ist, wie er sein sollte./ ... **dass** weniger Menschen bei ihnen **aus** Angst **davor**, dass dieser Schritt nicht so vertraulich ist, wie er sein sollte, Hilfe suchen.
6. In diesen Fällen bleibt also auch **der von den Befürwortern der Vorratsdatenspeicherung ins Feld** geführte Opferschutz auf der Strecke. / ... auf der Strecke, **der von den Befürwortern der Vorratsdatenspeicherung ins Feld geführt wird.**

Übung 2 (Seite 33 f.)

1. Das Vorurteil ist **zwar** eine Art Urteil, **doch** ist es kein richtiges Urteil, **sondern** etwas, was „vor" ihm liegt und **so/ somit/ infolgedessen** den Zugang zum richtigen Urteil verstellt.
2. In unserem täglichen Leben ist ein Urteil eine Handlung, **durch die** etwas fraglich Gewordenes festgelegt **und** etwas entschieden wird, **indem** der Mensch darin Stellung nimmt.
3. Das Urteil setzt woraus, **dass** der Mensch sich entscheidet, **nachdem** er die beiden Möglichkeiten, zwischen denen man schwanken kann, abgewogen hat.
4. Ein Vorurteil ist **dagegen/ demgegenüber** etwas, was vor dem Urteil liegt, selbst **aber keines** ist **und dennoch** wie eines wirkt.
5. Es nimmt **demnach** etwas als entschieden an, **ohne dass** sich der Mensch wirklich entschieden hat.
6. Das **stets als zu einer bestimmten Gruppe zugehörig auftretende** Vorurteil ist im weitesten Sinne eine soziale Erscheinung, **die** vorgibt, was ein Angehöriger einer bestimmten Gruppe **ohne Verlust seines Ansehens** tun und vor allem nicht tun darf.
7. Zum Vorurteil gehört auch eine hartnäckige, **nicht durch mangelndes Wissen begründete** Unbelehrbarkeit, **vielmehr/ stattdessen** steht hinter ihr das mangelnde Wollen, infolgedessen/ weswegen sich der Mensch der besseren Einsicht entzieht.
8. Es entsteht aus einer Konfliktsituation, **weil** sich der Mensch durch eine neue Situation bedroht fühlt.
9. Der lebendige Mensch würde sich jetzt dieser neuen Situation anpassen, sich auf sie umzustellen versuchen, **doch** dazu gehört **neben** Mut **auch** die Fähigkeit zum Wagnis, die Fähigkeit also, ganz neu anzufangen.
10. **Gleichwohl/ Indessen** fürchtet sich der Mensch, das Alte aufzugeben, **statt** sich den Aufgaben der Gegenwart hinzugeben und **daher** flüchtet er sich ins Vorurteil.
11. Das eigene Urteil erfordert vom Menschen **nämlich** immer eine erhebliche Anstrengung, **während** er im Vorurteil sehr viel bequemer dahinlebt, **denn** mit der eigenen Entscheidung muss er zugleich das Wagnis des Irrtums übernehmen.
12. **Nachdem** die selbstverständliche Gültigkeit überlieferter Ordnungen einmal fraglich geworden ist, führt die Flucht in das Vorurteil **somit** zu einer **alles menschliche Leben umgebenden** Unwahrhaftigkeit des gesamten menschlichen Daseins.

Übung 3 (Seite 34)

1. Autoren und Redakteure sehen **zudem** mit Sorge,

dass die Aufmerksamkeit ihrer Leser von immer mehr Medien beansprucht wird, Chefredakteure klagen **dagegen** über Autoren, **die** das knappe Zeitbudget genau dieser Leser durch zu lange Texte strapazieren.
2. Geklagt wird immer, **doch** fällt auf, **dass** die Lese-Klagen in Zeiten, in denen die Menschen starke Veränderungen erfahren, lauter sind als sonst.
3. Ein neues Medium kann **nämlich** eine ganze Gesellschaft umkrempeln **und wer** früher als andere wissen will, **ob** sich eine neue Revolution anbahnt, **der** sollte Menschen beim Lesen beobachten.
4. **Überdies** kommen alle neueren Studien zum gleichen Schluss, **demzufolge** wir Textkonsumenten ungeduldiger, hektischer **und** zerstreuter geworden sind und unser Lesen ergebnisorientiert **statt** erlebnisorientiert ist.
5. Wir verhalten uns **demnach/also** wie geistige Goldsucher, **wobei** wir den Text nicht Zeile für Zeile auskosten, ihn nicht durcharbeiten, **sondern** Buchstabenhalden auf der Suche nach brauchbaren Info-Nuggets scannen und filtern.
6. Vor allem jüngere Leser sagen dazu, **dass** schließlich der Inhalt allein entscheidend sei, **wobei/ während** sich **zugleich** die Frage stellt, **ob** jemand, der vor allem Informationsbrocken abspeichert, längere Gedankengehänge überhaupt noch verfolgen kann.
7. Wissenschaftler sprechen **indessen** ihre Zweifel mit großer Gelassenheit aus, **denn** sie entdecken immer wieder erstaunliche Parallelen zwischen historischen Umbrüchen und den Mediendiskussionen der Gegenwart.
8. **Als nämlich** der Buchdruck aufkam, fanden die Stimmen der Mahner und Warner **ebenfalls** nur wenig Gehör, **weil** die Begeisterung über die Möglichkeiten des neuen Mediums die Skepsis überwog.
9. Auch viele Studenten haben in den vergangenen Jahren völlig neue Lese- und Arbeitsmethoden entwickelt **und** man staunt über die Effizienz, mit der sie große Text- und Datenmassen in kürzester Zeit durchfiltern.
10. **Statt wie** früher allein in der Bibliothek an Originalquellen zu recherchieren, beschaffen sie sich jetzt Informationen durch den Austausch mit Fachkollegen im Netz.
11. **Auch** zeigt der Blick auf die Gegenwart, **dass** der Graben zwischen Buch- und Bildschirmmensch gar nicht so tief ist, **denn** für alle ist **die Verbreitung von** Informationen und Gedanken mithilfe des Mediums Schrift selbstverständlich.
12. Und jedes Schulkind lernt vom ersten Mausklick an, **dass** es zum **Googeln** lesen und schreiben können muss.

4. Verweismittel
Übung 1
Zu Inputtext 1 (Seite 37)
1. Zufriedenheit ist dagegen bis zu einem gewissen Grad steuerbar. Sie bedeutet eine **Gemütsverfassung**, die **Aspekte wie wunschlos glücklich, ausgeglichen**, Kontrolle über das eigene Leben und andere mehr umfasst.
2. Nun muss man sich aber fragen, warum wir nicht eine so **intensive Empfindung** wie das Glück zu unserem Lebenszweck erklären sollen.
3. Sollen wir uns wirklich dem Diktat der Vernunft beugen und uns mit der **bescheidenen Schwester** des Glücks, der bloßen Zufriedenheit begnügen?
Zu Inputtext 2 (Seite 38)
1. Unsicherheit ist das genaue Gegenteil der **Gewissheit**, der **Stabilität**, der **Entschlossenheit**, der Fundamente eines zufriedenen Lebens also.
2. Gerade in Zeiten persönlicher oder wirtschaftlicher Krisen, deren Bewältigung uns fast aussichtslos erscheint, dominiert in unserem Leben das Gefühl der persönlichen **Bedrohung** und **Schutzlosigkeit**.
3. Indessen ist es wohl übertrieben, ... welche die eigene Existenz zum Teil **in Frage stellt.**
4. Im Übrigen ist der Durchschnittsmensch mit hinreichenden Mechanismen ausgestattet, um seine **Ängste** überwinden und momentane **Verlegenheiten** kaschieren zu können.
Zu Inputtext 3 (Seite 38)
1. **Optimismus** und das **Vertrauen** in die eigenen Fähigkeiten stellen in der Tat zwei wichtige stabilisierende Faktoren im Leben eines jeden Menschen dar, ...
2. Wer seine Tage **mutlos** und **voller Skepsis** erlebt, dem muss geholfen werden, damit er zu seinen Stärken, über die jeder Mensch verfügt, und zur berechtigten **Hoffnung** ...
3. Dennoch kann die Zuversicht ..., und zum anderen an von außen gesetzte Hindernisse, die jede **Aussicht** auf eine Besserung der eigenen Lebenssituation verstellen.
4. Dies dürften denn auch die Momente der schwersten Prüfung der eigenen Existenz sein und oft genug führen ein Mangel an **positiven Perspektiven** und das Überwiegen des **Selbstzweifels** zum Scheitern.

2. Pro-Formen
Beispiel 10
Zu Inputtext 1 (Seite 39 f.)
1. **Ein solches** Kind denkt selbstständig und innovativ, **es** übernimmt keine Denkmuster, sondern kommt zu eigenständigen Ergebnissen für seinen Lebensweg.
2. **Solche** Kinder, deren Schöpfungsdrang von früh an gefördert wurde, werden es später in vielen Lebensbereichen einfacher haben, denn **sie** sind flexibler und finden schneller Lösungen für ihre Probleme als **manch einer** ihrer Altersgenossen.
3. Indessen muss die Förderung der individuellen Kreativität im gesellschaftlichen Kontext gesehen werden, da bereits in der Schule und sicher im späteren Arbeitsleben auch Fähigkeiten wie **diejenigen** zur sozialen Eingliederung und zur Anpassung ...
4. **Diesen** zu entsprechen erfordert ein gehöriges Maß an Selbstdisziplin und Einsicht, welche die Persönlichkeit des Einzelnen beschränken können, aber auch müssen.
Zu Inputtext 2 (Seite 40)
1. **Dies** ist in zahlreichen Studien belegt worden, ...
2. **Andere** wiederum ziehen sich immer mehr in sich zurück, ...
3. Jede Übertreibung führt zu einem unguten Ergebnis, **daran** kann es keinen ernsthaften Zweifel geben.
4. **Das** bedeutet aber nicht, von Kindern gar keine Disziplin zu fordern oder jede Form der Bestrafung von vornherein als autoritär abzulehnen, denn **darauf** kommt es ja gerade an, den goldenen Mittelweg in **dieser** für Eltern und Kinder ...
Zu Inputtext 3 (Seite 41)
1. **Ein solches** Nachgeben erfordert seitens der Eltern ...
2. **Jeder** weiß, wie schwierig es ist, Machtbefugnisse abzugeben, **dies** gilt auch für Eltern, doch besteht **deren** Lohn darin, ihren Nachwuchs zu selbstbewussten ...
3. Wie jedes Ding, so hat aber auch **diese** Erziehungsmethode ihre Kehrseite.
4. Zwar werden den Kindern ... geschwiegen. **Man** möchte sich nämlich nicht gerne **darauf** festlegen, wozu die Kinder ...

3. Unbestimmter - bestimmter Artikel, Pro-Verben und explizite Textverknüpfung

Beispiel 11
Zu Inputtext 1 (Seite 42 f.)
1. Es handelt sich in der Regel ... zögert. Sie **taten** all dies, um etwa Ungerechtigkeiten entgegenzuwirken ...
2. **Beispielhaft seien hier** Persönlichkeiten wie Mutter Theresa, Mahatma Gandhi oder Michail Gorbatschow **angeführt**, die offenbar an moralischer ...
3. Jedoch kann man sich des Eindrucks nicht erwehren, dass es sich bei den **beispielhaft angeführten** Personen nicht um wirkliche Vorbilder handelt, die wir ...
4. Es handelt sich eher um Menschen, die wir für das, was sie **getan haben**, bewundern, mag man auch ... vermitteln kann. **Die** Menschen, deren Leben tatsächlich zur Nachahmung geeignet ist, sind wohl eher die ...
Zu Inputtext 2 (Seite 43)
1. Überdies wird man ... gleicht. Dennoch überwiegt das Vorbildhafte, das sie **vollbracht** haben, gegenüber einem ...
2. Vielleicht ist es auch gerade das Unvollkommene, das uns solche Menschen wirklich näher bringen kann. Die **oben erwähnten** Alltagshelden zeichnen sich ja auch dadurch aus, dass sie einfache Zeitgenossen ...
3. Zugleich wird so ... reduziert. Nicht ein Mensch, der so Großes vollbracht hat, dass er unserem Leben vollkommen entrückt ist, sondern **der** Mensch, der durch eine, am Weltgeschehen gemessen, Kleinigkeit ...
4. **Das** unantastbare große Vorbild, eine Art heilige Kuh, ist damit überholt. Und war es nicht sowieso eher ein Produkt einer bestimmten Wertepropaganda. **Ein** Vorbild, das uns wirklich bewegt, muss uns in mancher Hinsicht ähnlich ...
Zu Inputtext 3 (Seite 43)
1. Der Begriff des Idols ... angeführt werden. **Im Folgenden** möchte ich erläutern, warum gerade diese zu Idolen für junge ...
2. Der Übergang vom Kind zum Erwachsenen ist durch **eine** verstärkte Unsicherheit gekennzeichnet. Dabei betrifft **diese** Unsicherheit zunächst einmal das äußere Erscheinungsbild. Indem sich der Jugendliche an den **genannten** Idolen orientiert, ...
3. Über diese Funktion hinaus hat ein Teenidol einem jungen Menschen allerdings nicht viel zu bieten. Oft ist **der** jeweils ...
4. Weit wichtiger als Idole ... aus seinem Umfeld. An einem solchen Vorbild wird er vielleicht eine Eigenschaft entdecken, die er gerne für sein Leben übernehmen würde. Der Vorteil: **Die** Eigenschaft, die er gewählt hat, ...

4. Variabler Satzbau
Beispiel 12
Zu Inputtext 1 (Seite 45)
1. Die Endlagerung des Atommülls ist ein Dauerproblem, welches bislang nicht gelöst wurde. Bisher ist nämlich noch kein geeignetes Endlager gefunden worden. Dabei muss ein solches Endlager für alte Brennstäbe für die Ewigkeit halten, damit zukünftige Generationen nicht gefährdet werden.
2. Dennoch halten Befürworter der Atomkraft dagegen, dass das Gefahrenpotential der Kernkraft durchaus kalkulierbar sei. Es sei allein eine Frage hinreichender technischer Kontrollen der Kernkraftwerke, um deren Gefahrenpotential zu mindern, behaupten sie.
3. Demgegenüber dürfte die öffentliche Meinung mittlerweile zu dem Schluss gekommen sein, dass selbst das kleinste Restrisiko zu hoch ist. Nicht absehbare Folgeschäden würden sich ihrer Ansicht nach in den kommenden Generationen offenbaren, sollte sich ein noch so unwahrscheinlicher großer Reaktorunfall ereignen.
4. Ein Ausstieg aus der Atomenergie setzt natürlich den Umstieg auf andere Energiequellen voraus. Vor allem erneuerbare Energiequellen müssen ausgebaut werden, um diesen Ausstieg zu erreichen, fordern Wissenschaftler.
Zu Inputtext 2 (Seite 45 f.)
1. Sonne, Wind und Wellen stehen uns nicht immer und in gleichem Maße zur Verfügung. Wegen dieser Schwankungen kann eine gleichbleibende Energieversorgung bei der Energieerzeugung aus diesen Energiequellen nicht gewährleistet werden.
2. Hinzu kommt, dass Energie aus erneuerbaren Energiequellen teurer ist als der ohnehin schon teure Strom, der durch konventionelle Technologien produziert wird. Es müssen nämlich erst einmal die notwendigen Produktionsanlagen für Energie aus regenerativen Energiequellen errichtet werden.
3. Dabei werden allerdings nicht die Kosten berücksichtigt, welche langfristig durch die fossilen Energiequellen und die Kernenergie entstehen. In diesem Zusammenhang nur die Kosten anzuführen, die momentan, also kurzfristig und rein betriebswirtschaftlich betrachtet, anfallen, macht die Kalkulation der wahren Ausgaben, etwa für Klima- und Gesundheitsschäden, fehlerhaft.
Zu Inputtext 3 (Seite 46)
1. Die beste Energie ist immer noch die, die nicht gebraucht wird. Energie zu sparen ist so einfach, zum Beispiel durch Verzicht auf Stand-By. Verzicht bedeutet hier nicht den Verlust an Lebensqualität und Bequemlichkeit, statt dessen schützt er natürliche Ressourcen und den eigenen Geldbeutel.
2. Dieses Ziel kann durch eine individuelle Beratung und Information des Verbrauchers erreicht werden. Das größte Einsparpotential für die Konsumenten ist vor allem die Steigerung der Energieeffizienz von Wohngebäuden und Haushaltsgeräten.
3. Um dieses Einsparpotential zu aktivieren, bedarf es allerdings hoher Investitionen. Diese Investitionen müssen vor allem die privaten Haushalte tätigen.
4. Neue energiesparende Haushaltsgeräte oder aufwendige Renovierungen können sich aber gerade finanziell schwächere Gesellschaftsgruppen nicht leisten. Für sie sind diese Ausgaben viel zu hoch.
5. Dasselbe gilt für Städte und Gemeinden, die zum Beispiel veraltete Heizsysteme in öffentlichen Gebäuden dringend ersetzen müssten. Sie schrecken naturgemäß vor den hohen Investitionen, die dies mit sich brächte, zurück.